Margrit Lipczinsky
Helmut Boerner

Shop Design für erfolgreiche Läden

Atmosphäre schaffen mit Raumpsychologie und Feng Shui

Callwey

Dieses Buch wurde sorgfältig recherchiert und bearbeitet.
Dennoch kann eine Gewähr nicht übernommen werden.
Weder Autoren noch Verlag können für eventuelle Nachteile
oder Schäden haftbar gemacht werden.

Das Werk einschließlich aller seiner Teile ist urheberrechtlich geschützt.
Jede Verwertung außerhalb der engen Grenzen des Urheberrechtsgesetzes
ist ohne schriftliche Zustimmung des Verlages unzulässig und strafbar.
Das gilt insbesondere für Vervielfältigungen, Übersetzungen, Mikroverfilmungen
und die Einspeicherung und Verarbeitung in elektronischen Systemen.

Die Deutsche Bibliothek – CIP-Einheitsaufnahme
Ein Titeldatensatz für diese Publikation ist bei der Deutschen Bibliothek erhältlich.

© 2001 Verlag Georg D. W. Callwey GmbH & Co., KG,
Streitfeldstraße 35, D-81673 München
www.callwey.de
E-mail: buch@callwey.de
© Grafiken Margrit Lipczinsky / Helmut Boerner

Lektorat	Irene Mamula, Hamburg
Gestaltung	Sonja Schenk, Zürich
Litho	Repro Schmidt, A-Dornbirn
Druck und Bindung	Kösel, Kempten
	Printed in Germany

ISBN 3-7667-1484-8

Inhalt

6   Einleitung

Raumpsychologie und Verkaufserfolg

16   **Tiefenpsychologie: Die Impulse aus dem Unbewussten**   Botschaften an das Unbewusste • Die Kraft der Symbole

26   **Feng Shui – auf den Punkt gebracht**   Die Entwicklung des Feng Shui • Die Vitalenergie Qi • Das Prinzip von Yin und Yang • Die *Fünf Elemente* • Die *Acht Lebenssituationen* • Feng-Shui-Maße • Informationsfelder

Ein Rundgang durch den Verkaufsraum

50   **Der erste Eindruck**

60   **Die Kundenbegrüßung**   Die „Pforte des Qi" • Die Empfangszone

70   **Die Kundenführung**   Leitwege • Vertikale Wegeführung • Die Orientierung • Exkurs: Einkaufszentren

86   **Waren präsentieren und verkaufen**   Ware dem Kunden „ans Herz legen" • Warenbilder • Dekorationen • Schaufenster • Innenhöfe

110   **Besondere Herausforderungen**   „Tote Bereiche" beleben • Musik und Düfte • Ladenbeleuchtung • Spiegel, Pfeiler, Decken • Materialien

124   **Servicequalität und letzter Eindruck**   Das Verkaufspersonal • Giveaways und Erfrischungen • Anprobe und Wartebereiche • Kundentoiletten • Verabschiedung des Kunden

Ein Blick in die Praxis

142   Stadt-Apotheke „Zum guten Hirten", A-Amstetten

148   Sanitätshaus, Nagold

153   Miederwarengeschäft, Nagold

156   **Anhang**
Checkliste für den Rundgang durch den Laden • Tabelle der materiellen Repräsentanten der *Fünf Elemente* • Tabelle der Yin- und Yang-Faktoren in der Ladengestaltung • Tabelle der günstigen Feng-Shui-Maße • Tabelle der Einzelhandelsbranchen und ihrer Elemente
Anmerkungen
Bibliografie
Glossar
Register
Bildnachweis

Einleitung

Die Ladengestaltung benötigt heute neue Impulse. Diese Aufgabe ergibt sich aus den Herausforderungen, mit denen der Einzelhandel immer stärker konfrontiert wird. Läden stehen mehr denn je unter Erfolgszwang und müssen mit immer weniger Geldmitteln ein immer attraktiveres Angebot schaffen. Allerdings sind Service-Mängel verbreitet, und Waren und Dienstleistungen werden zunehmend ähnlicher. Die Kundentreue zu Marken und Läden nimmt ab, der Zwang zur Profilierung des Verkaufsraumes wächst. Diese Profilierung verursacht Kosten, denen kein unmittelbar erkennbarer Gewinn gegenübertritt. Darüber hinaus bestehen drei weitere Herausforderungen für die Ladengestaltung.

Erstens: Neue Läden nehmen proportional stärker zu als die Bevölkerung. Vor allem ist die Anzahl zusätzlicher Kaufangebote in den während der letzten Jahre entwickelten Ladentypen – Verbrauchermärkte, Factory Outlet Centers, Malls, Shops in the Shop – insgesamt größer als die Anzahl neuer Kunden. „Immer mehr Verkaufsflächen und Betreiber drängen auf einen bereits ausgereizten Käufer-Markt. Fachmärkte, Ladenstraßen, Einkaufszentren entstehen neu in den Citys und in Randlagen der Städte".[1*] Jeder neu gebaute Laden konkurriert also um die Kunden anderer Verkaufsstellen. Es wird immer enger am Markt.

Zweitens: Der Kunde geht heute mit einem anderen Bewusstsein in den Laden als früher. Er ist zum *smart shopper* geworden („Ich weiß alles besser!") und seltener bereit, den vollen Preis zu bezahlen („Feilschen macht Spaß"). Er wird durch Ratgeber („Das ultimative Schnäppchen-Buch") und Internetangebote dazu bewogen, immer mehr Leistung für immer weniger Geld zu erwarten. Hinzu kommt, dass typischerweise etwa 80 Prozent des Umsatzes eines Ladens von 20 Prozent der Kunden erzeugt werden. Wie kann genau diese Kundengruppe erfolgreich umworben werden?

Drittens: Schätzungen über die Bevölkerungsentwicklung zeigen, dass sich bis zum Jahr 2016 die Gesamtbevölkerung um etwa drei Prozent verringern wird. Die Altersgruppe bis 25 Jahre wird um rund vier Prozent abnehmen, die Altersgruppe der über 51-Jährigen dagegen um rund neun Prozent zunehmen.[2] Vor allem die Käuferschicht der Senioren – also die Menschen ab etwa 60 Jahren – wird stärker an Bedeutung gewinnen.

Was dabei häufig nicht bedacht wird: Die Senioren der Zukunft werden sich als Konsumentengruppe erheblich von den heutigen Senioren unterscheiden. Gegenwärtig sind ältere Menschen noch ziemlich bescheiden. Die meisten von ihnen haben Krieg und wirtschaftliche Rezession erlebt. Noch gelten sie als ökonomisch unattraktive Käufergruppe, der Bedürfnislosigkeit, Einheitsgeschmack und mangelndes Verständnis für tech-

* Anmerkungen siehe S. 166 ff.

1   Kunden werden wählerischer und anspruchsvoller – und von immer mehr Läden umworben. Die Herausforderungen im Einzelhandel verlangen nach neuen Impulsen und unkonventionellen Lösungen.

nische Neuerungen unterstellt werden. Bereits in wenigen Jahren werden aber die heutigen *smart shopper* zu Senioren: erfolgsgewohnte, überaus anspruchsvolle Konsumenten, die keinen Fehler von Marketing, Ladengestaltung und Merchandising vergeben und außerdem längst mit Internet und E-Commerce vertraut sind.³

2, 3 Die Konsumenten treffen auf ein immer vielseitigeres Warenangebot. Sie erwarten bessere Qualität, niedrige Preise und kostenlose zusätzliche Dienstleistungen.

Generell zeigen die Trends in die folgende Richtung: zunehmende Angleichung von Produkten und Merchandising, verstärkter Preiskampf, steigender branchenübergreifender Mix von Sortimenten und Dienstleistungen, erhöhte Ansprüche der Senioren an ein fehlerfreies Service- und Betreuungsangebot, und größere Erwartungen jugendlicher Käuferschichten an innovative, ständig wechselnde Erlebnis- und Unterhaltungsangebote.

Fazit: Der erfolgreiche Laden – gleich ob Fachgeschäft, Filialist, Warenhaus, Shop in the Shop, Verbrauchermarkt oder SB-Markt – muss sich immer stärker über die eigene Leistung profilieren, muss um jeden einzelnen Kunden und jede Käuferschicht kämpfen

4 Pflanzeninseln, abgerundete Formen, Erfrischungsmöglichkeiten, auflockernde Bodenstrukturen in Laufrichtung – eine wirkungsvolle Einladung zum Flanieren, Schauen, Überlegen und Verweilen.

und von der ersten bis zur letzten Minute der Öffnungszeit unmissverständlich die Botschaft verkünden: „Ich bin anders und vor allem besser als mein Nachbar und Mitbewerber!"

Diese Botschaft muss zuerst von der eigenen unumstößlichen Überzeugung des Ladenbetreibers und seiner Mitarbeiter ausgehen. Außerdem ist es erforderlich, über das Erreichte hinaus ständig nach neuen Profilierungsmöglichkeiten zu suchen. Wer das dafür notwendige Engagement nicht aufbringt, hat die Zukunft eigentlich schon verspielt.

Marketing, Ladengestaltung und Visual Merchandising müssen dieses Engagement nach Kräften unterstützen. Im Allgemeinen wurde bisher versucht, dieser Anforderung auf drei Wegen zu begegnen: menschenfreundliches Shop Design, Aufsehen erregende Ladengestaltung, sowie Erlebniskauf und Eventmarketing.

Als menschenfreundlich wird Shop Design im Grunde dann angesehen, wenn es beispielsweise folgende Fragen einbezieht: Wie nimmt der Kunde die Ware optisch zur Kenntnis? Wie kann er sie ungezwungen und bequem betrachten? Wie kann er einfach und mühelos nach der Ware greifen?[4] Einen weiteren Beitrag leistet die herkömmliche Verkaufspsychologie, indem sie herauszufinden versucht, was Kunden eigentlich erwarten.

Meist beschränken sich die Bemühungen um Menschenfreundlichkeit also auf physische Gesichtspunkte sowie psychologische Überlegungen, welche bewusst wahrgenommenen Eigenschaften eines Ladens die Kunden anziehen. Aber die wesentliche Gegenfrage wird fast immer unterschlagen: Welche Ladeneigenschaften halten einen Kunden vom Kauf ab, ohne dass er sich dessen bewusst wird? Was treibt ihn aus einem Laden heraus, ohne dass er etwas gekauft hat? Und zwar unbewusst, entgegen seinem ursprünglichen Kaufwunsch und ungeachtet eines attraktiven Warenangebotes und einer höchst anregenden Ladengestaltung?

Aufsehen erregende Läden bezeichnen wir als „Look-at-me"-Läden: Verkaufsräume, bei denen die architektonische und gestalterische Freiheit so weit wie möglich ausgereizt wird. Sie bedienen sich neuester Technik und werden in Fachzeitschriften und Publikationen als Vorbilder beschrieben. Leider garantieren sie keinen anhaltenden Umsatz – und damit ist ihre wichtigste Aufgabe verfehlt.

Es ist ein Irrtum, anzunehmen, dass alle Kunden umso länger in einem Geschäft verweilen, je spektakulärer dieses eingerichtet ist oder seine Waren präsentiert. Auf den ersten Blick mag es zwar so aussehen, als ob diese Läden wirklich Kunden anziehen. Dies gilt sicherlich für die Eröffnungszeit, aber wie sieht es dann aus? In vielen Fällen bleibt der langfristige Umsatz hinter den Hoffnungen zurück.

Oft gehen Ladenbauer auch davon aus, dass das, was sie selber als interessant und aufregend empfinden, von den Kunden ebenso – und vor allem über längere Zeit! – beurteilt wird und ausreicht, um sie immer wieder in den Laden hineinzuziehen. Auch dies ist ein Irrtum. Nehmen Sie eine in der jüngsten Tradition stehende, betont minimalistische und geradlinige Boutique. Sie strahlt Kühle aus. Keine Rundung durchbricht die geraden Formen, keine Pflanze bildet einen Kontrast zu Technik, Marmor, Stein und Chrom. Stilistisch gesehen ist dieser Laden sicherlich ungewöhnlich und erregt Aufmerksamkeit. Architekten besuchen ihn, um sich umzuschauen – aber nicht als Kunden. Kunden wiederum kommen hinein, weil der Laden ihnen ins Auge fällt oder weil sie davon gehört haben.

Die Frage ist nur: Wie oft kommen sie wieder, und wie viel Zeit verbringen sie bei ihren späteren Besuchen in diesem Laden? Beides hat kaum noch mit der spektakulären Architektur zu tun.

Der wachsende Profilierungsdrang führte vor wenigen Jahren schließlich zu einem neuen Zauberbegriff: Erlebniseinkauf. Vorbilder wurden dort gefunden, wo Erlebnisse zu Hause sind und nicht der schnöde Alltag: in der Dramaturgie und im Theater. Die entsprechenden Anregungen trafen in einer Hinsicht ins Schwarze, weil dadurch neue Impulse in eine sonst in ziemlicher Gleichförmigkeit erstarrte Ladenlandschaft kamen. In anderer Hinsicht waren auch sie aber weniger wirksam als erwartet: Als Bühne gestaltete Läden sind nicht automatisch wirtschaftlich erfolgreicher.

Die Erfahrung zeigt, dass die längerfristige Anziehungskraft eines Ladens relevanter für den Geschäftserfolg ist als das schnell abgenutzte „Erlebnis". Kantig formuliert: Eine Geisterbahn hat durch das Gruselerlebnis zwar eine hohe Anziehungskraft auf kindliche Jahrmarktbesucher, es ist jedoch ziemlich schwierig, dort Stammkunden zu finden, die in kurzen Abständen immer wieder kommen.

Insgesamt zeigt es sich, dass die Profilierung eines Ladens durch die bisher beschriebenen Maßnahmen nicht ausreicht, um anhaltenden Erfolg zu gewährleisten.

5

5   Herausfordernde Farben, Spiele mit Licht und Bewegung sind oft verwendete Requisiten für die Inszenierung von Kauferlebnissen. Allerdings halten sie nicht immer, was sie versprechen!

Bei diesen Maßnahmen hat sich überdies eine falsche Prämisse eingeschlichen: Die meisten Überlegungen beziehen sich auf „Modell-Menschen", das heißt auf Personen, die psychisch und physisch auf der Höhe ihrer Leistungsfähigkeit stehen. Die Realität sieht jedoch anders aus: Läden werden von Käufern aufgesucht, die unter Zeitdruck stehen sowie chronisch reizüberflutet und gestresst sind. Oft treffen diese Käufer zudem auf Verkäufer, die unter langen Arbeitsanfahrten und ergonomischen Fehlern ihrer Arbeitsplätze leiden. Daher gilt: Käufer und Verkäufer benötigen kein architektonisches Denkmal des Ladengestalters, sondern einfach einen Laden mit aufbauender Atmosphäre, in dem sie in Ruhe und Harmonie einkaufen beziehungsweise bedienen können!

„Die Erfahrung zeigt, dass viele, häufig spektakulär gestaltete Läden bei weitem nicht so effizient sind, wie dies ihre Planer beabsichtigten."[5] Es liegt unserem westlichen Denken nahe, die Ursachen dafür immer bei den quantifizierbaren harten Fakten zu suchen, wie beispielsweise Kundenfrequenz, Sortiment und Preishöhe. Doch häufig finden wir darin keine befriedigende Erklärung. Was sind also die wirklichen Ursachen?

Mit dieser Frage beschäftigt sich unser Ansatz der Raumpsychologie. Kurz gefasst lautet unsere Antwort: Läden, die ungeachtet betriebswirtschaftlicher und funktionaler Qualitäten nicht funktionieren, besitzen keine „Wohlfühlatmosphäre". Natürlich ist dieser Begriff insofern schwierig, als es sich nicht um eine quantitativ messbare Größe, sondern um einen qualitativen, nur erfahrbaren *soft factor* handelt.

Sich wohl zu fühlen entspricht einer intensiven Sehnsucht der Menschen in unserer hektischen und von Negativinformationen überlasteten Zeit. Aber diese Sehnsucht ist in den meisten Fällen verborgen, sie ist dem reizüberfluteten, gestressten Kunden unserer Tage überhaupt nicht bewusst. Daher bedarf es für die Gestaltung einer Wohlfühlatmosphäre weniger des rationalen Bewusstseins oder eines architektonischen Spagats als vielmehr der Intuition und des Einfühlungsvermögens in grundlegende Bedürfnisse der menschlichen Psyche.

Die Wohlfühlatmosphäre eines Verkaufsraumes führt zu einem aufbauenden, psychisch stärkenden Kauferlebnis – und einer ebensolchen Arbeitsqualität für die Mitarbeiter. Häufig wird Wohlfühlatmosphäre aber mit Langweiligkeit verwechselt. Stellen Sie sich jedoch einen Ort vor, an dem Sie auftanken, sich gestärkt und zufrieden fühlen, wo Sie das stärkste Selbstwertgefühl haben. Dieser Ort ist mit Sicherheit nicht langweilig für Sie, aber gleichzeitig bestimmt auch nicht der Ort, der Ihnen den größten Nervenkitzel beschert. Ein Ziel bei der bewussten Gestaltung einer Wohlfühlatmosphäre ist daher die bestmögliche Reduzierung unnötiger Stressfaktoren. Die Voraussetzungen dafür werden durch Architekten und Ladengestalter geschaffen – oder auch nicht!

Aber warum betrachten wir die Wohlfühlatmosphäre als einen notwendigen, zeitgemäßen Erfolgsfaktor – und in Zukunft vielleicht den wichtigsten Umsatzgaranten?

Wie Sie wissen, sorgen Spontankäufe für mehr Umsatz als vorüberlegte Käufe. „Wenn wir nur dann in Geschäfte gingen, wenn wir tatsächlich etwas einkaufen müssen, und wir dann nur das kaufen würden, was wir wirklich brauchen, würde die Wirtschaft zusammenbrechen. Punkt."[6] Die Zahl der Spontankäufe ist aber vor allem abhängig von der Zeit, die ein Kunde im Laden verbringt. Zeit ist gleich Umsatz. Wer länger bleibt, kauft mehr. Die Aufenthaltszeit wiederum hängt insbesondere davon ab, ob sich der Kunde im Laden wohl fühlt oder nicht. Hierfür benötigt der Laden Atmosphäre und Stimmung.

Diese nicht messbaren, unsichtbaren Aspekte werden durch eine Kombination materieller und immaterieller Faktoren erzeugt, die einen unverwechselbaren positiven oder negativen Gesamteindruck hervorrufen. Ladengestalter kennen einige dieser Faktoren, wie die Auswirkungen von Licht und Farben. In diesem Buch untersuchen wir dagegen weitere Faktoren, die uns zwei unkonventionelle Quellen liefern: die westliche Tiefenpsychologie nach Carl Gustav Jung und das fernöstliche Feng Shui. Kernelemente

6 Diese Modellkundin findet sich in keinem Laden. Beobachten Sie einmal wirkliche Kunden: Wie viele von ihnen gehen so beschwingt und lächelnd aus dem Laden heraus?

beider Wissensgebiete verknüpfen wir zu einem neuen Ansatz in der Gestaltung von Räumen: der Raumpsychologie.

Shop Design für erfolgreiche Läden hat drei Teile. Im ersten Teil stellen wir Ihnen die für das Thema Ladengestaltung bedeutsamen Kernelemente von Tiefenpsychologie und Feng Shui vor, im zweiten Teil unternehmen wir einen Rundgang durch den Verkaufsraum. Bildmaterial und Erläuterungen vermitteln dabei eine „Wahrnehmungsschulung", die jedem Händler und Mitarbeiter einen wertvollen kritischen Blick auf den eigenen Laden ermöglicht. Im dritten Teil des Buches stellen wir Ihnen drei Praxisbeispiele vor. Checklisten im Anhang ermöglichen die individuelle Prüfung, welche unserer Empfehlungen Sie in Ihrem Laden gegebenenfalls umsetzen sollten.

Wir möchten Ihnen helfen, aus der Integration ganz anderer Wissensrichtungen Erkenntnisse zu gewinnen, diese praktisch umzusetzen und damit unbewussten und bewussten Kundenerwartungen in Bezug auf Qualität und Atmosphäre entgegenzukommen. Gerade dadurch verbessern sich die Chancen für einen anhaltenden Verkaufserfolg. In dieses Buch sind unsere Erfahrungen aus zahlreichen Beratungen eingeflossen sowie jene aus unseren Seminaren zum Thema „Feng Shui in der Ladengestaltung", die wir seit drei Jahren in mehreren Ländern mit großem Erfolg durchführen.

Raumpsychologie und Verkaufserfolg

In jedem Verkaufsraum beeinflussen ungezählte Faktoren die Psyche des Kunden. Der Ansatz der Raumpsychologie stellt ein neuartiges Instrumentarium zur Verfügung, um einen immer größeren Teil davon zu erkennen und zur Stärkung von Kunden und Mitarbeitern zu nutzen. Die Raumpsychologie verdeutlicht die enge Beziehung zwischen den äußeren Räumen um den Menschen und den „inneren Räumen" – seine Psyche. Damit lässt sich genau jener Vorteil erzielen, den erfolgreiche Läden heute suchen müssen: ein ausbalancierter Mix aus Profilierung und wohl tuender Atmosphäre. Dies ist eine hervorragende Ausgangsposition für den Wettbewerb von morgen.

Tiefenpsychologie: Die Impulse aus dem Unbewussten

Der Begriff Tiefenpsychologie geht auf die Auffassung zurück, dass die in den „Tiefen der Psyche" vorhandenen unbewussten Inhalte und Strukturen wesentliche Impulsgeber für das Erleben und Handeln des Menschen sind. Diese Bereiche der Psyche werden allgemein als Unterbewusstsein oder Unbewusstes bezeichnet und sind uns nicht präsent. Ihre Inhalte können sich aber in höchst unterschiedlicher Art zeigen, wie beispielsweise in Träumen, in unseren Fantasien, in nicht logisch erklärbaren Sympathien oder Antipathien gegenüber Menschen und Situationen, in Verhaltensautomatismen und so weiter. Immer wenn wir etwas tun oder denken, ohne dass ein kausaler oder inhaltlicher Zusammenhang zum vorherigen Tun oder Denken sichtbar ist, stammen die entsprechenden Impulse aus dem unbewussten Bereich unserer Psyche.

Sigmund Freud (1856–1939), der wichtigste Begründer der Tiefenpsychologie, sah im Unterbewusstsein den Speicher für alle persönlichen, früher einmal bewusst gewesenen, dann aber vergessenen oder verdrängten Erfahrungen, Gefühle und Erwartungen. Auch Glaubenssätze und Handlungsmuster, die in der heutigen Terminologie „Codes" beziehungsweise „Brain Scripts" genannt werden, gehören dazu.

Carl Gustav Jung (1875–1961) sprach nicht vom Unterbewusstsein, sondern vom „Unbewussten". Dieser ursprünglich philosophische Terminus, den der französische Psychiater Pierre Janet (1859–1947) in die Psychologie eingeführt hatte, vermied nach Jungs Meinung den irreführenden Eindruck, mit „oben" und „unten" sei eine Wertung verbunden, also ein qualitativer Unterschied der psychischen Inhalte gemeint.[1]

1 Dem verborgenen Innenraum des Menschen, den unbewussten Schichten seiner Psyche, entspringen die unmittelbaren Anstöße für sein Erleben und Handeln.

Außerdem unterschied Jung zwischen dem *Persönlichen Unbewussten* und dem *Kollektiven Unbewussten*. Wie Freud war er der Ansicht, dass das Persönliche Unbewusste alle individuellen, während des bisherigen Lebens gewonnenen Erfahrungen enthält, deren größter Teil vergessen oder verdrängt worden ist. Abweichend von Freud postulierte Jung aber, dass auch die menschentypischen Erfahrungen aus unserer gesamten Entwicklungsgeschichte und darüber hinaus auch biologische Steuermechanismen aus noch früherer Zeit in der Psyche bewahrt werden. Sie sind die Inhalte des Kollektiven Unbewussten (vgl. Grafik S. 19).[2]

Von größter Bedeutung war die Erkenntnis, dass diese psychischen Bereiche in unterschiedlicher Intensität auf unser Verhalten einwirken. Treffend wird dies mit dem so genannten Eisberg-Modell der Psyche dargestellt. Wie Sie wissen, besteht das Hauptmerkmal des Eisbergs darin, dass sich der größte Teil seiner Masse – etwa sechs Siebtel – unter der Wasseroberfläche befindet. Ein ähnliches Verhältnis wird modellhaft zwischen dem bewussten Teil der Psyche, dem Tagesbewusstsein, und dem Unbewussten angenommen. Natürlich ist die Psyche nicht räumlich vorstellbar. Sinnvoll ist aber die Annahme, dass die im Unbewussten vorhandene Energie erheblich größer ist als diejenige des Tagesbewusstseins – und dass sich dies in einer ungleich umfassenderen Beeinflussung unseres Verhaltens durch unbewusste Impulse auswirkt.

Eisberg-Modell

Bewusster Bereich der Psyche

- Ich – Zentrum des Bewusstseins
- Bewusstsein – bewusstes Denken, Wollen, Fühlen

Unbewusster Bereich der Psyche

- Persönliches Unbewusstes – verdrängte oder vergessene Erlebnisse, Erfahrungen, individuelle Komplexe
- Kollektives Unbewusstes – Menschheitserfahrungen, Archetypen, Instinkte, kollektive Komplexe

Ich
Bewusstsein
Persönliches Unbewusstes
Kollektives Unbewusstes

Da das Unbewusste für uns tatsächlich nicht ohne weiteres erkennbar, eben nicht bewusst ist, gehen wir normalerweise davon aus, vollkommene Kontrolle über unser Verhalten zu haben. Dass dies aber keineswegs zutrifft, erkennen wir deutlich am Beispiel unserer Stimmung. Wie oft kommt es vor, dass wir ohne wahrnehmbaren äußeren Anlass plötzlich schlecht gelaunt oder im Gegenteil von einem Moment auf den anderen in bester Stimmung sind, obwohl sich um uns herum scheinbar nichts geändert hat. Derartige Schwankungen unseres psychischen Zustandes können darauf zurückgeführt werden, dass unbemerkt Inhalte des Unbewussten darauf Einfluss genommen haben.

Was hat ein derartiges psychologisches Konzept mit der Praxis des Ladenbaus zu tun? Mit Sicherheit kennen Sie wie die meisten Kunden das folgende Erlebnis: Sie betreten einen Laden mit einem Kaufwunsch. Sie finden eine Ware, die Ihnen gefällt, überprüfen das Preis-Leistungs-Verhältnis und stehen kurz vor der Entscheidung, den Kauf zum Abschluss zu bringen. Aber im letzten Moment kommen Ihnen Zweifel. Mit

2   Kaufen oder nicht kaufen? Nicht nur bewusste Überlegungen spielen dabei eine Rolle. Unbewusste Impulse sind potenziell weit stärkere Kaufhilfen oder Kaufbremsen.

einem Mal sind Sie gar nicht mehr so überzeugt davon, das Produkt wirklich zu benötigen oder ob es Ihnen wirklich gefällt. Sie zögern und verschieben den Kauf.

Was ist in diesem Moment geschehen? Ganz allgemein gesagt: Ihnen fehlte plötzlich die für den Kaufabschluss notwendige psychische Energie.

Diese abschließende Entscheidung erfordert wie jeder andere Prozess unserer Psyche eine bestimmte Menge an Energie. Sie wird unter anderem durch die Intensität des Kaufwunsches bestimmt, also durch die Frage, ob eine dringende Bedarfsdeckung oder „nur" eine Wunscherfüllung vorliegt. Aber auch Ihre körperliche Verfassung und natürlich Ihre Stimmung spielen eine Rolle. Und gerade hierauf nimmt das Unbewusste Einfluss, da es entweder aus dem Tagesbewusstsein Energie an sich ziehen oder Energie an das Tagesbewusstsein abgeben kann. Im ersten Fall kommt es zu einer Reduzierung der Bewusstseinsspannung, die sich in fehlender Aufmerksamkeit, Entschlusslosigkeit, Verminderung der Konzentration, Teilnahmslosigkeit, Verdrossenheit oder sogar als leichte Depression äußern kann. Gibt das Unbewusste hingegen Energie ab, so kommt es zu einer Erhöhung der Bewusstseinsspannung, die sich zum Beispiel in besserer Stimmung, Fröhlichkeit, Entschlussfreude, Durchsetzungskraft, größerer Konzentration und intensiverem Selbstwertgefühl zeigen kann.[3]

Daraus ergeben sich für die Ladengestaltung natürlich mehrere Fragen: Wie lässt es sich vermeiden, dass die Bewusstseinsspannung des Kunden abnimmt? Oder lässt sich die Reduktion zumindest verringern? Und ist es umgekehrt möglich, zunächst schlecht gestimmte oder gestresste Kunden psychisch aufzubauen?

Die schlechte Nachricht ist: Das Schwanken unserer Bewusstseinsspannung ist ein so komplexer Vorgang, dass es hierfür keine pauschale Erfolgsformel gibt.[4] Die gute Nachricht lautet dagegen: Einige Impulsgeber sind aus der Tiefenpsychologie bekannt und können in die Gestaltung von Verkaufsräumen einfließen. Tiefenpsychologische Betrachtungen des Kundenverhaltens beziehen sich insbesondere auf Impulse, die aus den Schichten des Kollektiven Unbewussten herrühren.

Dabei handelt es sich vor allem um bestimmte Einrichtungs- und Dekorationselemente, die „Botschaften" an das Kollektive Unbewusste des Kunden aussenden. Bestimmte Inhalte des Unbewussten können hierdurch berührt und in psychische Aktivität versetzt werden. Bei diesen Inhalten handelt es sich in der Hauptsache um die so genannten Archetypen und Komplexe sowie um das grundlegende Sicherheitsbedürfnis des Menschen.

Botschaften an das Unbewusste

Carl Gustav Jung gewann seine Erkenntnis über das Kollektive Unbewusste, als er sich mit Religions- und Mythenforschung, Ethnologie sowie Träumen befasste. So fand er heraus, dass große Teile des Kollektiven Unbewussten grundsätzlich bei allen Menschen, egal welcher Kultur, gleich sind.

Psychischer Stammbaum

Die allen Menschen gemeinsamen Schichten des Kollektiven Unbewussten enthalten die in den Genen gespeicherten psychischen Urmuster aller Lebewesen, darunter die Instinktreaktionen der Tiere sowie die Archetypen. Die weiteren Schichten des Kollektiven Unbewussten sind nicht bei allen Menschen gleich, sondern unterscheiden sich nach gruppenspezifischen Inhalten. Beispiel:

Psyche eines Menschen

- Individuelles Tagesbewusstsein
- Individuelles Persönliches Unbewusstes
- Gemeinsame Schicht aller Familienmitglieder („Klan")
- Gemeinsame Schicht aller Menschen des gleichen Volksstammes
- Gemeinsame Schicht aller Einwohner des gleichen Landes
- Gemeinsame Schicht aller Menschen des gleichen Sprachbereiches (z.B. deutsch)
- Gemeinsame Schicht aller Menschen des gleichen Kulturbereiches (z.B. Europa)
- Gemeinsame Schicht aller Rassen einer Sprachgruppe (z.B. indogermanisch)
- Gemeinsame Schichten aller Menschen:
  - Archetypen (Mensch)
  - Instinkte (Tierahnen)
  - Lebensurgrund

Struktur gebende Inhalte des Kollektiven Unbewussten sind die Archetypen, das heißt zum menschlichen Leben schlechthin gehörende Erfahrungen, die die Psyche gleichsam wie unauslöschliche seelische Strukturen durchziehen. Archetypen können auch als tragendes Gerüst innerhalb der Psyche betrachtet werden, das allen anderen psychischen Inhalten Halt gibt.[5] Jung schrieb dazu: „Es gibt so viele Archetypen, als es typische Situationen im Leben gibt. Endlose Wiederholung hat diese Erfahrungen in die psychische Konstitution eingeprägt … Wenn sich im Leben etwas ereignet, was einem Archetypus entspricht, wird dieser aktiviert, und es tritt eine Zwanghaftigkeit auf, die, wie eine Instinktreaktion, sich wider Vernunft und Willen durchsetzt […]."[6]

Archetypen an sich sind zahlenmäßig begrenzt und damit überschaubar. Doch jeder Archetyp ist auch der Anker so genannter *archetypischer Bilder*. Dies sind inhaltliche Varianten des jeweiligen Grunderlebnisses, die auf den individuellen persönlichen Erfahrungen eines Menschen beruhen. Außerdem sind Archetypen Träger psychischer Energie. Diese Tatsache zeigt sich am deutlichsten an der starken Faszinationskraft der Archetypen. Wo sie berührt und aktiviert werden, kommen immer intensive Emotionen ins Spiel. An Themen wie Geburt, Liebe, Ehe, Elternschaft, Alter und Tod, Krieg und Frieden, Hass, Wandel und so weiter entzünden sich die Geister ebenso wie beispielsweise am Heldentum – denken Sie an die Sporthelden unserer Tage, aber auch an den Buchhelden Harry Potter. Die Sogwirkung von Modeerscheinungen und allgemein alle Massenphänomene hängen ebenfalls mit Archetypen zusammen und zeigen das Ausmaß der darin enthaltenen psychischen Energie. Alle überaus erfolgreichen Trends, Slogans und Waren sind mit Archetypen verknüpft. Wann immer viele Menschen (auch unbewusst) etwas Bestimmtes sehr stark wünschen, steckt mit Sicherheit eine archetypische Bedeutung dahinter, welche die Wirkung geradezu garantiert.

Andererseits kann das Wissen um diese Zusammenhänge auch missbraucht werden. Politische und soziale Massenphänomene zeigen immer wieder die Gefahr, dass sich Menschen von geschickt eingesetzten archetypischen Bildern verführen und manipulieren lassen. Die psychische Energie des Archetyps sorgt dann dafür, dass sich Ideen und Emotionen unaufhaltsam und unkontrollierbar innerhalb eines Kollektivs verbreiten. Rationale Überlegungen erscheinen demgegenüber typischerweise wie ausgeschaltet.

Archetypen haben aber noch eine weitere Bedeutung: Sie sind Kern von Komplexen. Im allgemeinen Sprachgebrauch wird dieser Begriff zwar eher abwertend benutzt, wie beispielsweise bei „Minderwertigkeitskomplexen" oder „Mutterkomplexen". Aus psychologischer Sicht sind Komplexe aber wertfrei. Jeder Mensch besitzt Komplexe, und sie sind ein notwendiges Bindeglied zwischen den kollektiven archetypischen Inhalten des Unbewussten und den persönlichen Erfahrungen eines Menschen.

Komplexe entstehen, indem sich um ihren archetypischen Kern während des Lebens nach und nach diesbezügliche persönliche Erfahrungen, Bilder und Assoziationen sammeln. Komplexe halten also die während des Lebens aufgetretenen emotional eindrücklichen Geschehnisse fest. Negative Komplexe beruhen in der Regel auf häufig erlebten Konflikten (wie Missbrauch, Zurückweisungen, Liebesentzug und Missachtung aufgrund eines Versagens). Positive Komplexe können beispielsweise aufgrund von Erfolgen, Anerkennung von Leistungen, Bedürfnisbefriedigung und Liebeserfahrungen entstehen.

Worin liegt nun die Bedeutung der Archetypen und Komplexe für die Ladengestaltung? Beide können durch räumliche Impulsgeber mittels visueller Eindrücke berührt und aktiviert werden. Auf diese Weise üben sie erheblichen Einfluss auf das Kaufverhalten aus. Kunden werden so von einem Moment auf den anderen entweder in bessere Laune versetzt, also psychisch aufgebaut, oder sie verlieren einen Teil der vorher

3

3 Torsos in Wäscheläden sprechen eine eigene Sprache: Der Kundin werden der Kopf abgeschlagen (Denken), die Arme abgehackt (Handeln) und die Beine amputiert (Standpunkt).

bestehenden Entschlussfähigkeit und des Selbstwertgefühles. Negative Impulse führen oft zu weniger Kaufabschlüssen, es sei denn, dass die im bewussten Kaufwunsch gespeicherte Energie größer ist – etwa bei einem dringenden Bedarfskauf – und daher den Ausschlag gibt.

Es gilt also, im Shop Design so weit wie möglich diejenigen Impulsauslöser zu vermeiden, die negativ wirkende Archetypen und Komplexe berühren könnten. Vielleicht meinen Sie, dass dies bei der Ladengestaltung bereits automatisch berücksichtigt wird.

Die Erfahrung zeigt das Gegenteil! Wir haben ein gut gefülltes Archiv mit Fotos solcher negativen Impulsauslöser. Dies sind vor allem Dekorationen oder andere Einrichtungsstrukturen, die starke negative Emotionen auslösen, destruktiv wirkende Triebe ansprechen oder direkt oder im übertragenen Sinn einen kriegerischen oder aggressiven Eindruck machen.

Werden Kunden durch die Einrichtung und Dekoration eines Ladens mit solchen Impulsauslösern konfrontiert, so kommen unbemerkt zahlreiche psychische und physische Prozesse in Gang, die dem „Kampf-Flucht-Muster" in tatsächlichen Gefahrensituationen ähnlich sind. Und wie alle derartigen Prozesse benötigen sie Energie. Ein Teil davon wird von den Bewusstseinsleistungen abgezogen. Das Resultat ist wiederum eine Reduzierung der Bewusstseinsspannung, mit den bereits beschriebenen Auswirkungen. Und das heißt eben: Jede Person, die sich hiermit konfrontiert sieht, geht als Kunde möglicherweise verloren. Wenn psychische Energie im Unbewussten gebunden wird, wirkt dies als Kauf- und Umsatzbremse.

Das bisher Geschilderte sollte auch im Zusammenhang mit den häufig beschriebenen Kundenerwartungen gesehen werden. Im Allgemeinen werden diese als Resultat der Verbindung persönlicher Ziele mit aktuellen Trends betrachtet. Darin finden sich sowohl der laufende gesellschaftliche Wertewandel mit seinen Auswirkungen auf die Konsumentenwünsche wieder als auch die Steuerung von Kaufentscheidungen durch Werbung und Warenpräsentation.

Aber weil die Psyche drei Bereiche hat – Tagesbewusstsein, Persönliches Unbewusstes und Kollektives Unbewusstes –, müssten auch die Erwartungen des Kunden am Point of Sale eigentlich unter drei Blickwinkeln gesehen werden. Das Gegenteil trifft zu: Fast nie wird beachtet, dass das Kollektive Unbewusste ebenfalls auf die Kundenerwartungen einwirkt – und zwar potenziell umfassender als die anderen Bereiche der Psyche. Hieraus ergibt sich die beste Erklärung, warum manche Kaufabschlüsse oft in letzter Minute verhindert werden, entgegen den Erwartungen des Kunden.

Zur Verdeutlichung das Beispiel eines Bedarfskaufs: Kunde X. benötigt ein neues Auto. In Bezug auf Modell, Farbe und Ausstattung hat er bestimmte Vorstellungen (bewusste Wünsche), die sich unter anderem aus persönlichen Vorlieben, Werbebotschaften, Trends, Statusansprüchen und so weiter ergeben. Beim Autohändler wird er freundlich und kompetent beraten und zusätzlich mit besonderen Leistungen gelockt. Doch beim Verkaufsgespräch im Autosalon wird seine Bewusstseinsspannung unbemerkt durch negative räumliche Impulsgeber verringert. Ein heller Wandstrahler ist nicht nur auf eine Vitrine, sondern auch auf seinen Sitzplatz gerichtet, sodass Kunde X. andauernd leicht geblendet wird. Zudem sitzt er mit ungeschütztem Rücken zum Präsentationsraum, und vom Schreibtisch des Verkäufers zielt eine scharfe Kante direkt auf seinen Solar-Plexus. Ein Werbeplakat in seinem direkten Blickfeld vermittelt ihm subliminal die Botschaft: „Wer mit mir fährt, fährt gefährlich!" Und schließlich sitzt der potenzielle Käufer in der direkten Tür-Fenster-Linie (siehe S. 35).

Instinktiv fühlt sich der Kunde dadurch irritiert und zunehmend unwohler. Obwohl die im bewussten Kaufwunsch gesammelte Energie hoch und die Bedarfsdeckung dringend ist, kommt es schließlich zu der für den Kaufabschluss fatalen Äußerung: „Ich möchte es mir noch einmal überlegen." Nach außen hin scheint es dem Kunden, als ob vielleicht doch nicht alles für den Wagen spricht. Zweifel kommen auf, ob ein anderes Modell nicht vielleicht besser geeignet, ob die Liste der Sonderausstattungen nicht zu lang sei und so weiter. Aber ganz gleich, welche Argumente im Tagesbewusstsein auftreten: Die wahre Ursache für den fehlenden Kaufabschluss besteht darin, dass aufgrund der (natürlich nicht beabsichtigten) negativen Botschaften des Verkaufsraumes psychische Energie im Unbewussten des Kunden gebunden wird, die nun für die Bewusstseinsleistung der Kaufentscheidung fehlt.

Ein Kaufaufschub ist insbesondere angesichts des Wettbewerbs im Einzelhandel für den Händler in vielen Fällen ein Kaufverlust. Denn wenige Tage später oder vielleicht sogar schon am selben Tag kann es bei einem anderen Händler zum Kaufabschluss kommen – der erste Laden geht leer aus.

Die möglichen Auslöser für eine psychische Schwächung können dem Kunden noch auf eine weitere Art psychische Energie abziehen: indem sie seine Sicherheit untergraben. Sicherheit ist ein elementares Bedürfnis jedes Menschen und Ausgangspunkt einer Vielzahl meist unbewusster Verhaltensmechanismen. Grundsätzlich suchen Menschen instinktiv in jedem Raum nach der Position, die ihnen die meiste Sicherheit bietet, und sie vermeiden ebenso instinktiv Orte, die das Gefühl von Unsicherheit hervorrufen. Aber in vielen Fällen setzen sich bewusste psychische Inhalte, wie Wünsche und Erwartungen, darüber hinweg. Trotzdem bleibt das menschliche Sicherheitsbedürfnis bestehen. Hinzu kommt Folgendes: Je weniger es gestillt wird, desto mehr psychische Energie wird von der Leistung des Tagesbewusstseins abgezogen, um für unbewusste Verteidigungsmaßnahmen zur Verfügung zu stehen.[7]

Nehmen wir noch ein Beispiel. Kunde Y. will in einen Laden hineingehen. Aber schon vorher wird er mit einer ausgefallenen Dekoration konfrontiert: Ein Autobahnsheriff ist im Begriff, seine Pistole zu ziehen und auf ihn zu zielen.

Vereinfacht dargestellt, finden nun die folgenden psychophysischen Prozesse statt: Das Tagesbewusstsein reagiert mit den Gedanken: „Tolle Idee, diese Figur. Und täuschend echt! Im ersten Moment hatte ich schon gedacht …" Das weitaus mächtigere Unbewusste deutet den visuellen Impuls dagegen auf ganz andere Weise: „Hier droht Gefahr! Geh nicht in den Laden!"

Was meinen Sie, wie in Bezug auf die gesamte Menschheitsgeschichte das Verhältnis aussieht zwischen Situationen, in denen sich Menschen tatsächlich einer töd-

4 Der zur Waffe greifende Autobahnsheriff erweckt Aufmerksamkeit, ohne jedoch Stimmung und Kaufbereitschaft des Kunden zu stimulieren.

lichen Waffe gegenüber sahen, und solchen Situationen, in denen nur eine bedrohliche Attrappe vor ihnen stand?

Die Kraft der Symbole

Symbole haben in den dargelegten Zusammenhängen und Beispielen besondere Bedeutung. Symbole gehören als Sinnbilder zwei Ebenen an: dem Tagesbewusstsein, das ihren Sinn erkennt und deutet, und dem Unbewussten, welches das Bild wahrnimmt und bereits vorhandene Assoziationen damit verknüpft. Bilder sind die Sprache des Unbewussten. Symbole haben daher einen „Bedeutungsüberschuss" und etwas durch die Sprache nicht restlos Ausdrückbares.[8] „Ein Bild sagt mehr als 1000 Worte", lautet ein bekanntes chinesisches Sprichwort.

Das Kollektive Unbewusste reagiert auf manche Symbole grundsätzlich zuerst mit negativen Assoziationen. Dies gilt beispielsweise für Pfeile, Blitze, Totenköpfe und Skelette: Derartige archetypische Bilder sind mit den immer wiederholten menschlichen Erfahrungen von Gewalt, Aggression, Schmerz und Tod verknüpft. Der Anblick dieser Symbole führt aufgrund des negativen Sinninhaltes unbemerkt zu einer psychischen Schwächung.[9]

Diese Wirkung besteht auch dann, wenn die Symbole beispielsweise in abgewandelter Form auf Abbildungen erscheinen, oder wenn bizarre Entwürfe, moderne Kunstwerke oder Kultgegenstände daran erinnern. Dabei spielt es keine Rolle, ob der Betrachter persönlich überhaupt negative Assoziationen empfindet, ob die Symbole wiederholt betrachtet werden (beispielsweise von den Mitarbeitern) oder ob sie nur einen subliminalen Reiz darstellen und nicht vom Tagesbewusstsein wahrgenommen werden.

Symbole mit negativen Assoziationen sollten folglich in der Ladengestaltung sorgfältig vermieden werden. Umgekehrt ist aber die Verwendung von Symbolen mit kollektiv aufbauender Wirkung ein guter Beitrag zur Wohlfühlatmosphäre: Sinnbilder, die

5

5   Pfeile, die auf die Ware gerichtet werden, greifen sie unterschwellig an. Die eigene Ware sollte jedem Händler ebenso „heilig" sein wie der eigene Name. Beides darf weder bedroht noch in irgendeiner Weise verunstaltet oder sogar hässlich dargestellt werden. Die beabsichtigte Botschaft, hier seien die Preise herabgesetzt, erreicht lediglich das Tagesbewusstsein. Für das Unbewusste lautet die Botschaft dagegen: „Hier wird die Ware angeschossen und schlecht behandelt. Sie ist damit wertlos."

Themen wie Wachstum, Vitalität, Kreativität, Ganzheit, Unversehrtheit, Gesundheit und Inspiration ausdrücken. Dies können zum Beispiel Himmelskörper, Kreise, schöne Naturansichten oder gepflegte Pflanzen und Blumen sein, lachende oder jedenfalls gelassen und ausgeglichen aussehende Menschen, Personen, deren Haltung Freundschaft oder Liebe ausdrückt, Sympathieträger wie angesehene Künstler, Wasser und dergleichen mehr. Wenn derartige Symbole in ansprechender Weise in die Verkaufsumgebung integriert werden, lässt sich das Unbewusste des Kunden leichter als Verbündeter für den Verkaufserfolg gewinnen.

6, 7, 8 Figurenteile und Puppen ohne Köpfe erinnern an Verstümmelung, Schmerz, Krieg. Die Auseinandersetzung damit sollte aber nicht subliminal, sondern bewusst geschehen.

Diese Erläuterungen sollten natürlich auch in die Gestaltung von Erlebniseinkäufen einfließen. Um noch einmal Jung zu zitieren: „Wir sind mit Mittelalter und Antike und Primitivität noch längst nicht so fertig geworden, wie es unsere Psyche erfordert."[10] Auch auf dem Weg zur Spaßgesellschaft tragen wir stets unser uraltes psychisches Erbe mit uns. Mit den Archetypen und Komplexen sind darin Inhalte verborgen, die das Kaufverhalten stärker beeinflussen können als es der Wunsch des chronisch reizüberfluteten Kunden nach noch stärkeren Erlebnisanreizen vermag.

6

8

7

Feng Shui – auf den Punkt gebracht

Die fernöstliche Einrichtungs- und Harmonielehre Feng Shui befasst sich mit Energieströmen und Energiefeldern in unserer Umgebung. Sie strebt nach menschengerechtem, erfolgreichem Bauen, Wohnen und Arbeiten. Es geht ganz generell um die Frage, welche Gestaltungsregeln angewendet werden sollten, damit ein Raum die körperliche und geistige Leistungsfähigkeit des Menschen so weit wie möglich unterstützt.

Der Akzeptanz von Feng Shui stehen hierzulande jedoch Hindernisse entgegen. In konservativen Kreisen besteht – wie bei jedem fremd wirkenden Denkgebäude – eine eher abfällige Haltung nach dem Motto „not invented here" oder „Was der Bauer nicht kennt …". Die dahinter verborgene mangelnde Offenheit spiegelt sich auch in der häufigen pauschalen und abwertenden Äußerung von Architekten und Einrichtern: „Feng Shui ist unwichtig, weil wir diese Dinge sowieso bereits praktizieren."

Andererseits liegt Feng Shui derzeit im Trend. Dies führt zu einer bisweilen dubiosen Vermarktung des Begriffes, wodurch Ressentiments und Vorurteile natürlich zusätzlich genährt werden. Kaum eine Zeitschrift versäumt es, auf ihrem Spezialgebiet einen Artikel über Feng Shui zu publizieren. Ein derartiges Interesse treibt natürlich seltsame Blüten, die oft genug eher abschreckend wirken.

Darüber hinaus wird Feng Shui hierzulande noch mit den Attributen „mystisch" oder „esoterisch" verknüpft. Beide Begriffe haben in unserer rational geprägten Zeit eher negative Assoziationen.

Eine weitere Schwierigkeit besteht darin, dass in der langen Entwicklung des Feng Shui eine oft nur im Kontext der östlichen Denkweise und Kultur verständliche Terminologie und Methodik entstanden ist. Sie muss zunächst behutsam und respektvoll entflochten und auf die westliche Verwendbarkeit hin überprüft werden. Wie bei jeder Hinwendung zu östlichem Gedankengut gibt es dabei Grund genug zu besonderer Vorsicht, denn oft genug wird es ohne ausreichende Reflexion im 1:1-Verhältnis auf das westliche Leben übertragen und dabei wesentlicher Bedeutungszusammenhänge beraubt.

C.G. Jung äußerte in einem Gespräch mit seinem Freund Sir Laurens van der Post (1906–1996, Anthropologe und Schriftsteller) sinngemäß, dass es nichts wert sei, Weisheit wie ein Dieb aus den Taschen der chinesischen Vorläufer zu holen. Das alte China habe Europa sicherlich zu einem weiteren und tieferen und auch höheren Verständnis des Lebens zu verhelfen vermocht. Aber es sei uns zu nichts nütze, wenn wir darin als „östlicher Weisheit" schwelgten und dadurch in die „Dunkelheit archaischen Glaubens und Aberglaubens gestossen würden". Jung „konnte es nicht ertragen, diese Weisheit als

1 Eine aufblühende Blume – Symbol für kraftvolles Leben.

2

2 Landschaft im Morgennebel. Seit jeher fühlen sich die Menschen von der Natur belebt und erfrischt. Die räumliche Umgebung beeinflusst umfassend den Menschen und sein Leben. Dieser Kerngedanke des Feng Shui ist mehr denn je aktuell: Zwar können wir heute Landschaften und Gebäude fast nach Belieben gestalten, uns ihrer verborgenen Einwirkung aber trotzdem nicht entziehen.

magische Formeln oder geistige Amulette zur Korrektur unserer europäischen Desorientiertheit missbraucht zu sehen."[1] Dass beide Gefahren sehr real sind, lässt sich bei Meistern und Jüngern des Feng Shui im Westen ebenso beobachten wie bei den teilweise merkwürdigen Blüten, welche die derzeitige Vermarktung und das große Interesse an Feng Shui zwangsläufig hervorbringen.

Trotzdem sollte uns dies nicht davon abhalten, die wertvollen Erkenntnisse des Feng Shui mit der gebotenen Sorgfalt zu extrahieren und anzuwenden. Dann wird deutlich, dass es sich hierbei – in C. G. Jungs Worten – keineswegs um „übertriebene mystische Intuitionen, sondern um praktisches Wissen, harte geistige Empirie und eine völlig neue Anwendung hoher Intelligenz" handelt.[2]

Natürlich stellt sich die Frage, ob eine solcherart „verschlankte" Lehre nicht Gefahr läuft, verwässert zu werden. In der Tat besteht zwischen einer zu wörtlichen Übertragung der Feng-Shui-Empfehlungen auf die westliche Kultur und einer an unsere Verhältnisse angepassten, „zurechtgebogenen" Banalisierung ein schmaler Grat. Erst eine geeignete psychologische Vorbildung sowie das Gespür für ganzheitliche Zusammenhänge zwischen Geist und Materie ermöglicht ein tieferes Verständnis für den wichtigsten Inhalt des Feng Shui: Erkenntnisse über die Beeinflussung der menschlichen Psyche durch die Umgebung. Ebenso wie in den anderen Lehren der chinesischen Naturwissenschaften wurden auch im Feng Shui seit jeher nicht nur materielle Faktoren untersucht, sondern auch deren enge Verbindung zur menschlichen Psyche. Östliche Weisheit war immer auch psychologisch und verriet tiefe Einsicht in die Mechanismen hinter unseren

Verhaltensweisen. Anders als im Westen nahm und nimmt der Osten von vornherein an, dass „alles mit allem verknüpft ist" und es demzufolge nur natürlich ist, wenn auch Raum und Psyche einander unmittelbar beeinflussen.

Die Entwicklung des Feng Shui

Einen guten Zugang zur Praxisbedeutung des Feng Shui bietet die Überlegung, wie dieses Denkgebäude überhaupt entstanden ist. Am Anfang standen Naturbeobachtungen – und darin unterscheidet Feng Shui sich nicht von anderen Naturwissenschaften.

Diese Beobachtungen bezogen sich auf das Zusammentreffen unterschiedlicher Geschehnisse, das Bilden und Ergänzen von Analogieketten und die Auswirkungen, die sich daraus ergeben. Dass es überhaupt dazu kam, ist wohl einer Besonderheit des fernöstlichen Denkens zu verdanken.

Unser westliches Denken verläuft in der Regel horizontal, kausal und mechanistisch. Im Grunde stellen wir uns den Lauf der Welt als Auswirkung des Ineinandergreifens vieler kleiner Zahnrädchen vor. Das heißt, dass wir gewöhnlich immer nach dem Schema „Aus A folgt B, daraus C, daraus D" und so weiter denken. Nun kommt es im Leben aber immer wieder vor, dass wir eine solche Kausalkette nicht oder nicht lückenlos herstellen können. Für solche Fälle haben wir einen Begriff gefunden, der uns von unserer kausalen Denkgewohnheit befreit: Wir sprechen von „Zufall". Überall dort, wo auf ein A ein D folgt, ohne dass wir B und C erkennen, hat für uns der Zufall die Hand im Spiel. Deshalb brauchen wir gar nicht erst nach einer Ursache zu suchen, wenn etwas „zufällig" eintritt. Es gibt zwar das Sprichwort „Der Zufall regiert die Welt", aber in der Realität glauben wir nicht daran. Wir können einen Zufall ja anscheinend nicht willentlich herbeiführen, weil wir die ihm zugrunde liegende Kausalkette nicht kennen.

Aus diesem Grund halten wir es auch eher für Zufall, wenn ein Laden trotz augenfälliger, scheinbar unentschuldbarer Fehler in Gestaltung und Marketing „brummt". Oder wenn umgekehrt ein Verkaufsraum, dem alle Fachleute unübertreffbare Vorzüge bescheinigen, trotzdem nicht läuft. Beides kommt immer wieder vor.

Wir betrachten es auch als Zufall, wenn wir an jemanden denken und kurz darauf einen Telefonanruf von dieser Person erhalten. Solche Ereignisse sind für uns aber sozusagen „Ausnahmen von der Regel", und wir nehmen nicht an, dass es auch für solche Phänomene Gesetzmäßigkeiten geben könnte.

Aber gerade davon geht das fernöstliche Denken aus. Sein Denkschema verläuft eher vertikal und akausal, und es sucht immer nach einem gemeinsamen Sinn, der Ereignisse völlig unterschiedlicher Ebenen miteinander verknüpft. Gerade dieses Denken brachte Feng Shui sowie die anderen Gedankengebäude der chinesischen Naturphilosophie hervor.[3] Das vertikale Denken hat auch die chinesische Sprache geprägt, die Bildeinheiten statt Silben verwendet, sowie die chinesische Schrift, die ebenfalls vertikal verläuft.

Feng Shui entstand also, indem nach dem chinesischen Leitgedanken „Was beliebt zusammenzutreffen?" aufgeweckte, klar und logisch denkende Menschen beobachteten, welche „Zufälle" immer wieder auftraten, an welchen Orten und unter welchen Bedingungen.

3

4

5

6

3–6 Frühling, Sommer, Herbst und Winter – Ausgangspunkt vieler Beobachtungen und Erkenntnisse der Feng Shui-Meister waren die Gesetzmäßigkeiten und Wandlungsvorgänge der Natur, ihre Vielfalt in der Einheit der regelmäßigen Naturzyklen.

Diese Beobachtungen wurden über viele Jahrhunderte akribisch aufgezeichnet und weitergegeben. Nach und nach erwuchs daraus ein System von Regeln, von denen jede im Grunde nichts anderes sagte als: „Wenn A und C und E zusammentreffen, dann ist es wahrscheinlich, dass auch B und D bestehen, auch wenn ich diese nicht sofort erkennen kann". Und umgekehrt: A und C und F können in Verbindung gebracht werden, wenn B und D beispielsweise durch entsprechende Gestaltung der Räume um den Menschen hinzugefügt werden: eine Methode der Schicksalsgestaltung, die – anders als beispielsweise Neurolinguistisches Programmieren (NLP) und Positives Denken – nicht nur mentale Techniken, sondern auch Raum und Zeit einbezieht.

Bei allen Feng-Shui-Regeln handelt es sich um Wahrscheinlichkeitsaussagen, deren tatsächliches Eintreffen überaus hoch ist. Überdurchschnittlich häufig wurde beispielsweise beobachtet, dass Menschen in Häusern, deren Rückseite von einem Berg geschützt wird, über Generationen hinweg erfolgreicher und gesünder waren als Menschen in Häusern, deren Rückseite ungeschützt direkt zur Talseite zeigte. Hieraus ergaben sich Empfehlungen zur günstigsten Positionierung eines Hauses.

Neben dieser empirischen Grundlage beruht Feng Shui jedoch auch auf Entdeckungen anderer Art. Ein Beispiel dafür ist die folgende, tatsächlich mystisch klingende Geschichte: Der legendäre Kaiser Fu Xi saß am Ufer eines Flusses und meditierte.[4] Überrascht sah er plötzlich eine Schildkröte aus dem Fluss kommen, die auf ihrem Rücken eine Reihe eingravierter geheimnisvoller Zeichen trug. Daraus ersann er das so genannte Lo-Shu-Zahlenquadrat, das später zur Grundlage einer wichtigen Berechnungsformel zur qualitativen Bestimmung von Himmelsrichtungen und Zeitperioden wurde.

Wenn wir jedoch das mystische Element wegnehmen, können wir die Geschichte auch folgendermaßen verstehen. Kaiser Fu Xi beschäftigte sich intensiv mit der Frage nach Richtungs- und Zeitqualitäten. Schließlich hatte er einen Traum, in dem ihm auf intuitive Weise aus dem Kollektiven Unbewussten seiner Psyche ein Bild vor Augen trat. Im Anschluss deutete er dieses Bild und gelangte zu seiner Erkenntnis. Dies ist keinesfalls fantastisch oder unerklärlich. Nichts anderes geschah zum Beispiel dem Chemiker August von Kekulé (1829–1896), der im Jahr 1865 die Ringstruktur des Benzols postulierte, nachdem ihm im Traum eine Schlange erschienen war, die sich in den Schwanz biss. Viele wichtige wissenschaftliche Entdeckungen entstanden auf ähnliche Weise durch intuitive Eingebungen, nachdem eine Zeit der intensiven Beschäftigung mit einer bestimmten Ausgangsfrage vorangegangen war. „Seinen Freunden gibt's der Herr im Schlaf", heißt es in der Bibel.[5]

Feng Shui beruht also einerseits auf reichhaltiger Empirik, und andererseits auf individuellen Entdeckungen. Hinzu kamen lokale geografische und kulturelle Gegebenheiten. Vor allem letztere führten zu Empfehlungen, die aufgrund der bildhaften Sprache der Feng-Shui-Meister mystisch und für die westliche Mentalität unverständlich klingen. Die verständlichen, psychologisch nachvollziehbaren und hierzulande anwendbaren Grundsätze treten entsprechend deutlicher hervor, wenn die spezifisch chinesischen und unserer kulturellen Tradition fremden Grundsätze behutsam ausgespart werden. Hieraus ergeben sich dann wertvolle Orientierungspunkte für eine ergänzende Bereicherung unserer westlichen Bauweise und sogar der Ladengestaltung.

Feng Shui ist insgesamt allerdings nicht fünftausend Jahre alt, wie oft fälschlich behauptet wird. Tatsächlich reichen aber einige Wurzeln in die Zeit um 3000 v. Chr. zurück. Hierzu zählt insbesondere das Konzept der beiden Naturkräfte Yin und Yang (siehe S. 37). Etwa ab 1000 v. Chr. kamen wesentliche Elemente hinzu – wie die Bestimmung von (Himmels-)Richtungs- und Zeitqualitäten, das System der „Fünf Elemente" (siehe S. 38), die Numerologie sowie die Erfindung eines rudimentären Kompasses. Ab 200 v. Chr. wurden die vorliegenden Erkenntnisse unter dem Namen „K'an-yu" zu einer eigenständigen Wissenschaft zusammengefasst.

Der Ausdruck „Feng Shui" trat dagegen erst etwa im 3. nachchristlichen Jahrhundert auf. Die beiden Begriffe bedeuten wörtlich *Wind* und *Wasser* und kennzeichnen

7 Ein chinesischer Feng-Shui-Meister überprüft mit seinen Gehilfen das Gelände am Ufer eines Sees.

den Energiefluss in der Natur und dessen Gesetzmäßigkeiten. Ab dem 7. Jahrhundert kristallisierten sich zwei unterschiedliche Richtungen heraus, die Formen- oder Landschaftsschule und die Kompassschule. Die Formenschule befasst sich mit allen sichtbaren und daher für uns auch leichter verständlichen Faktoren der Umgebung eines Hauses, die Kompassschule hingegen mit den nicht unmittelbar wahrnehmbaren Einflüssen der Himmelsrichtungen.

Während der gesamten langen Entstehungszeit galt Feng Shui im Übrigen als Geheimwissenschaft, deren wesentlicher Zweck in der Stärkung des Kaisers lag, und um deren Einzelheiten nur wenige gelehrte Berater wussten. Erst ab dem 17. Jahrhundert verbreitete sich dieses Wissen nach und nach, und gleichzeitig verflachte es durch Einbeziehung von Volksmythen.

In jüngerer Zeit kamen schließlich weitere Richtungen auf, wie es ähnlich auch in den westlichen Naturwissenschaften der Fall ist. Da sich die verschiedenen Feng-Shui-Schulen in vielen Punkten widersprechen, ist es kein Wunder, dass in den immer zahlreicheren Feng-Shui-Büchern teilweise eklatante Kontraste bestehen. Ungeachtet der Widersprüche zwischen den einzelnen Schulen gibt es in dem gesamten, sehr komplexen Wissensgebiet des Feng Shui jedoch mehrere gemeinsame Kernfaktoren. Diese bilden auch das Material, das sich am besten für das Thema Ladengestaltung heranziehen lässt. Es handelt sich dabei um den Fluss der Vitalenergie *Qi* (sprich Tschi), das Prinzip der Urkräfte *Yin* und *Yang,* die Energiefelder der *Fünf Elemente* sowie die Aufstellung der so genannten *günstigen Feng-Shui-Maße*. Außerdem das Konzept der Grundrissbeurteilung nach dem System des *Bagua*.

Die Vitalenergie Qi

Zum Wissen aller alten Hochkulturen gehörte es, dass es eine grundlegende Lebens- oder Vitalenergie gibt. Mit dieser Energie beschäftigen sich im Rahmen der chinesischen Naturphilosophie sowohl die Akupunktur als auch Feng Shui. Die Akupunktur hat das Ziel, den Energiefluss im Körper – nach Auffassung der Traditionellen Chinesischen Medizin Grundlage der Gesundheit – harmonisch zu erhalten. Dies bedeutet, dass er weder blockiert werden darf noch zu schnell oder zu langsam verlaufen, sondern sanft und gleichmäßig durch seine Bahnen, die Meridiane, fließen sollte.

Feng Shui wird auch als „Akupunktur des Raumes" bezeichnet, hat also im Hinblick auf den Energiefluss eine ähnliche, jedoch auf die Umgebung bezogene Zielsetzung. Natürlich haben wir Schwierigkeiten damit, uns mit einer Energieform zu befassen, die sich mit den derzeitigen physikalischen Mitteln nicht schlüssig nachweisen lässt, sondern als unsichtbarer Faktor Teil der statistisch nicht erfassbaren Atmosphäre ist. Erinnern Sie sich noch einmal daran, dass Feng Shui durch geduldige Beobachtung und Deutung von „Zufällen" entstand. Wieder und wieder wurde festgestellt, dass bestimmte bauliche Gegebenheiten und Landschaftsformen mit spezifischen Vorteilen im Leben der Menschen zusammentrafen. Solche Bedingungen wurden daraufhin unter anderem mit einem günstigen Fluss der Lebens- und Vitalenergie Qi assoziiert. Hieraus ergab sich die Aufstellung eines ganzen Kataloges an Gesetzmäßigkeiten, die der Wirkung und dem Fluss des Qi zugrunde liegen.

8 Ein sanft geschwungener Bachlauf: Vorbild für den Energiefluss im Gebäude.

Die Wirkung des Qi-Stromes beruht auf drei Ebenen. Auf der ersten, der physischen Ebene des menschlichen Körpers, unterstützt die Vitalenergie Qi das Allgemeinbefinden und die Abwehrfähigkeit des Immunsystems. Für den Kunden – und mehr noch das Personal – bedeutet ein guter Qi-Fluss, dass Aufenthalt und Einkauf beziehungsweise Beratung und Verkauf generell weniger anstrengend sind.

Auf der psychischen Ebene werden der Vitalenergie die Unterstützung von Konzentration und Inspiration sowie die Verbesserung der Stresstoleranz zugeschrieben. Das heißt, dass der Kunde bei harmonischem Qi-Fluss Stressfaktoren in seiner Umgebung leichter und mit geringerem Verbrauch psychischer Energie bewältigt (vgl. S. 18).

Feng Shui – auf den Punkt gebracht

9 Fahrtreppen sind „Qi-Beförderer": Auf diesen Bahnen fließt die Vitalenergie in die oberen Verkaufsebenen.

Doch Qi ist noch mehr: Der Qi-Fluss im Raum zieht Wohlstand an. Natürlich erscheint dies auf den ersten Blick wenig einleuchtend. Wir können uns allenfalls im übertragenen Sinne vorstellen, dass Geld die Dinge zum Fließen bringt und daher auch als Energie verstanden werden kann. Die Gleichsetzung der Vitalenergie mit Wohlstand beruht aber auf ungezählten Beobachtungen, dass sich der Wohlstand dort sammelt, wo ein stetiger und ungestörter Qi-Fluss vorhanden ist. Unter den Faktoren, aufgrund derer ein ansonsten eher unansehnlicher Laden trotzdem „brummt" und erfolgreich ist, haben wir immer einen überdurchschnittlich ausgewogenen, harmonischen Qi-Fluss feststellen können.

Gebäude sowie auch Läden mit geringem Qi-Fluss werden in der Feng-Shui-Terminologie gemeinhin als „Sick Buildings", als „kranke Häuser" bezeichnet.[6] Auswirkungen im Laden sind geringer Umsatz, verminderte Stresstoleranz und Müdigkeitsgefühle sowie eine höhere Krankheits- und Fehlerquote bei Mitarbeitern. Ladendiebstähle kommen in Läden mit schlechtem Qi-Fluss überdurchschnittlich häufig vor, während sie umgekehrt nach einer Optimierung des Qi-Flusses abnehmen. Events und Sonderaktionen verzeichnen einen geringeren Erfolg als an anderen Orten. Generell gilt: Ein Laden mit ungenügendem Qi-Strom kann nur schwerlich als Kundenmagnet wirken.

Wir möchten Ihnen im Folgenden Qi-Gesetzmäßigkeiten erläutern, deren Kenntnis ziemlich genau Aufschluss darüber gibt, wie intensiv das Qi durch einen Laden fließt und wie es eine positive Wirkung auf Kunden, Personal und Geschäftserfolg ausüben kann.

Das Qi entsteht in der Natur und folgt den elektromagnetischen Feldern des Menschen. In einen Laden strömt das Qi also vor allem auf den Spuren der Kunden, die ihn während des Tages betreten. Der Eingang des Ladens ist die „Pforte des Qi". Weil die Vitalenergie aber von der Natur auch wieder angezogen wird, hat sie die Tendenz, aus dem Laden durch die Fenster wieder hinauszuströmen. Diese Tendenz wird besonders verstärkt, wenn hinter einem Laden Wasser fließt. Dies können ein Fluss oder See sein oder auch die städtische Entsprechung: eine stark befahrene Straße oder ein großer Parkplatz. Hierdurch wird die Vitalenergie vom Eingang zu schnell durch den Laden gesogen, sodass er entsprechend weniger Qi erhält.

Das Ziel ist es jedoch, dass die Energie so lange wie möglich im Laden bleibt und sanft durch den Verkaufsraum und natürlich auch die Nebenräume fließt. Aus diesem Grund ist es in der Regel notwendig, die Energie im Laden aufzufrischen und zu lenken.

Hervorragende Auffrischer sind leicht sprudelndes Wasser, lebende Pflanzen, frische Blumen (siehe S. 112) oder Naturprodukte wie Obst und Gemüse, Tiere (sofern sie vorherrschend positive Assoziationen wecken) wie beispielsweise Vögel in einer Voliere. Als Auffrischer gelten auch jede Art von Bewegung – Mobiles sowie bewegte Figuren oder

10   Wasser symbolisiert Leben. Die sprudelnde Frische verstärkt die Vitalenergie Qi in der Umgebung.

11, 12   Blühende Planzen und üppige Blumen sind Symbole für Vitalität und die wohl tuende Kraft der Natur.

Gegenstände – und Lichteffekte: Leuchtbänder mit laufenden Buchstaben, Videoshows mit aufbauendem Inhalt (zum Beispiel von einer Modenschau oder menschlichen Erfolgserlebnissen) oder sich bewegende Lichtsäulen.

Auch Fotos oder Zeichnungen der erwähnten Qi-Auffrischer haben eine positive Wirkung. Das Verhältnis zum tatsächlichen Symbol wird treffend durch den Vergleich zwischen dem Anblick des Fotos von einem zutiefst geliebten Menschen und der tatsächlichen Umarmung mit ihm gekennzeichnet. Wesentlich ist in jedem Fall, dass Qi-Auffrischer auf Abbildungen nicht zerschnitten oder entstellt wiedergegeben sind.

Pflanzen bilden durch ihr elektromagnetisches Feld zugleich eine wirksame energetische „Sperre" gegen so genannte Qi-Leckagen. Diese können zwischen der Ladeneingangstür und einem Schaufenster oder der Hintertür auftreten, wenn diese einander genau gegenüberliegen.

Grundsätzlich sollten Qi-Auffrischungen an zwei Bereichen niemals fehlen: in der Nähe der Kasse, um den Wohlstand stärker zu binden und zu halten, sowie in Ladenbereichen, die einen leblosen Eindruck erwecken und wenig zum Umsatz beitragen.

Die Qi-Lenkung im Laden wird am besten mit dem Merksatz verknüpft: „Energy flows where the attention goes".[7] Gute Mittel zur Energielenkung sind nach diesem Merk-

13 Die geschwungene Verkaufsachse lässt die Energie sanft fließen. Eine Ruhezone lädt mit kleinen Erfrischungen ein. Der Videoschirm unterhält wartende Begleitpersonen und dient durch die bewegten Bilder gleichzeitig als Qi-Auffrischung. Ein schwächender Faktor am Rande: die „geköpften" Dekorationsfiguren.

satz ebenfalls Licht und Bewegung. Licht ist symbolisch – ebenso wie Pflanzen und Wasser – mit dem Leben und der Natur verknüpft und zieht Energie an. Daher können hintere Ladenbereiche gut mit einer etwas höheren Leuchtdichte ausgestattet werden, um Aufmerksamkeit zu erregen.[8] Dies gilt auch für jede Art von Bewegung, umso mehr, wenn sie in dem ansonsten meist statischen Verkaufsraum erscheint. Bewegung kann auf vielerlei Weise erzeugt werden: mechanisch durch sich bewegende Figuren, Disco-Kugeln, Mobiles, Ventilatoren mit Luftschlangen, Luftballons etc., oder optisch, beispielsweise durch Video-Bildschirme, Leuchtreklamen, Dia- oder Licht-Projektionen.

Auch Warenbilder und Erlebnisbühnen („Landmarks") können in vielen Fällen gut zur Qi-Anziehung eingesetzt werden, wenn in ihnen ein Naturelement zur Qi-Auffrischung integriert ist.

Eine weitere Qi-Gesetzmäßigkeit betrifft Spiegel, die zu Recht gern in der Ladengestaltung eingesetzt werden. Spiegel reflektieren das Qi. Sie dürfen daher nicht in geringem Abstand innen gegenüber der Ladeneingangstür angebracht werden, da sie die Vitalenergie sonst aus dem Laden hinauslenken (siehe S. 64). Spiegel dürfen auch niemals hinter einer Kasse hängen, da sie sonst den Wohlstand (das Qi) von der Kasse wegreflektieren.

Schließlich wird im Feng Shui immer vor so genannten „angreifenden Qi-Pfeilen" gewarnt. „Qi-Pfeile" können an senkrechten, recht- oder spitzwinkligen Kanten entstehen, wobei von rechts und links Qi-Ströme aufeinandertreffen und dann von der Kante im 45°-Winkel in den Raum zielen. Sie können sich aber auch an waagerechten, dünnen Oberflächen mit scharfen Kanten (wie dünne Glas- oder Holzregale) bilden oder durch lange, gerade Flure oder Verkaufsachsen entstehen, insbesondere wenn diese laufend von Menschen benutzt werden.

Andere Gefahren für den Qi-Fluss sind Blockaden im Eingangsbereich, sowie die Kontamination (Verunreinigung) des Qi-Stromes. Eine Blockade kann sich ergeben, wenn außen vor dem Laden ein Hindernis steht, wie ein aus statischen Gründen notwendiger Pfeiler, oder wenn Eingangszonen als Aktionsflächen eingesetzt werden und die Warenständer außen nicht zur Seite gerückt sind, sondern vor dem Eingang stehen.[9]

Eine Qi-Kontamination kann beispielsweise dadurch auftreten, dass Eingangstüren am Morgen zum Lüften geöffnet und durch volle Bodenaschenbecher blockiert werden. Baubiologische Mängel rufen ebenfalls die Kontamination der Vitalenergie hervor. Eine andere „Verschmutzung" ergibt sich durch konstant ertönende fetzende Rockmusik mit laut hämmernden Bässen. Auch um den Toilettenbereich herum sammelt sich meist kontaminiertes Qi. Kundentoiletten sollten daher möglichst nicht im Eingangsbereich positioniert oder zumindest nur über einen Gang mit wenigstens einer 90°-Richtungsänderung zu erreichen sein. Es versteht sich von selbst, dass sie (wie auch Personaltoiletten) ebenso sauber und gepflegt sein sollten wie Ihr eigenes WC zu Hause.

Das Prinzip von Yin und Yang

Zu den ältesten bekannten Grunderkenntnissen der Menschheit zählt das fernöstliche Konzept der dualen Kräfte *Yin* und *Yang*. Jegliches Leben und damit auch jede Entwicklung beruhen danach auf der ständigen wechselnden Interaktion zweier Grundkräfte: der weiblichen, kontemplierenden Kraft Yin und der männlichen, agierenden Kraft Yang. Tag und Nacht, Licht und Schatten, Lärm und Stille, Härte und Weichheit und so weiter lassen sich nur jeweils gemeinsam definieren, und daher bedingen sie einander. Diese Wechselbeziehung wird mit dem mittlerweile auch im Westen geläufigen Yin-Yang-Symbol dargestellt.

14   Das Yin-Yang-Symbol weist auf die Dualität und den rhythmischen Wandel des Lebens.

Die Dualität Yin und Yang hat zwei wesentliche Merkmale: Erstens erscheint im Moment der jeweils intensivsten Ausprägung eines Poles bereits der Keim des anderen, und zweitens nehmen beide ständig zu oder ab. In der Natur gibt es keine anhaltende, starre und völlige Dominanz des einen Pols über den anderen. Ein rhythmisches Schwingen zwischen den Polen ist die Grundlage für den Fluss des Lebens.

Allerdings sieht die Realität unseres Lebens anders aus. Krass ausgedrückt: „Der westliche Mensch hängt am Yang wie der Drogensüchtige an der Nadel!" Wir haben in unserem Leben das Werte-Gleichgewicht der beiden Pole Yin und Yang abgelöst durch eine Yang-Dominanz. Die Stadt macht die Nacht zum Tag. Härte, Aktivität, ein glitzerndes „Leben auf der Überholspur", ständiges „Gut-drauf-Sein", nicht endende Hektik und anhaltendes, strahlendes Lächeln gelten in unserer Gesellschaft als wünschenswerte Errungenschaften und stellen in der Werteskala geradezu eine Garantie für menschliches Glück und Erfolg dar. Wie weise und lebenserfahren das chinesische Yin-Yang-Prinzip ist, zeigt sich allerdings auch darin, dass das Yang-Übergewicht der Gegenwart zunehmend von Yin-Erscheinungen aufgelockert wird. Dazu zählen beispielsweise die Wellness-Bewegung, das wieder erwachende Interesse für Religion und Esoterik, aber auch die konsequent schwarze Kleidung vieler Anhänger des modernen Fortschrittglaubens (Schwarz ist die Yin-Farbe par excellence!).

Ladengestaltung ist immer auch ein Spiegel der Zeit. Folglich ist es verständlich, dass bis in jüngster Zeit jene Gestaltungselemente im Übermaß bevorzugt wurden, die Yang-Charakter haben: Härte, Puristik, Glanz und Helligkeit. Der nüchterne, minimalistische, progressive, glänzende, hochpreisige Modeladen ohne jegliche Weichheit ist unter diesem Gesichtspunkt eines der Denkmäler, die Architekten und Einrichter ihrer eigenen Yang-Sucht und derjenigen ihrer Zeit errichtet haben.

Dennoch: Menschen fühlen sich dort wohler, wo neben der Helligkeit auch etwas Schatten vorhanden ist. Wo Naturelemente wie Pflanzen und Blumen ein Übergewicht an Chrom und Stein mildern. In einem Verkaufsraum, dessen gerade Fronten und Winkel zumindest stellenweise durch eine geschwungene Linie unterbrochen werden, wo eine runde Säule steht oder ein Stoff weich und fließend fällt.

Vermeiden Sie deshalb, einer dominant yang-betonten Ladenumgebung immer noch weitere Yang-Elemente hinzuzufügen (siehe S. 37). Eine Übersicht wesentlicher Yin- und Yang-Elemente in der Ladengestaltung gibt die Aufstellung im Anhang, S. 163. Zwar verlangen insbesondere Kunden aus den jüngeren Käuferschichten anscheinend nach Aufsehen erregenden Sensationen, Hits und grellen Eindrücken. Dies ist jedoch nicht Ausdruck eines wirklichen inneren Bedürfnisses, sondern entspricht lediglich der Gewohnheit des „yang-süchtigen Konsumenten". Umso eher wird es auch dieser schätzen, in einen ausgewogen gestalteten, dabei aber keineswegs langweiligen Verkaufsraum zu kommen – insbesondere, wenn auch Preis-Leistungs-Verhältnis und Servicequalität überzeugen: „Stil sells!"[10]

Die *Fünf Elemente*

Die Frage, aus welchen Elementen sich die Welt der Erscheinungen zusammensetzt, wurde bereits früh sowohl in der griechischen Philosophie als auch im fernöstlichen Denken gestellt. Dabei gab es in West und Ost jedoch unterschiedliche Ansätze und Wertigkeiten. Die westliche Wissenschaft entwickelte im Sinne einer quantitativen Betrachtungsweise nach und nach das Wissen um die chemischen Elemente und die subatomaren Bestandteile der Materie.

Die chinesischen Denker zielten dagegen auf die Kenntnis qualitativer Unterscheidungskriterien und kamen schließlich ebenso zu einem „System der Elemente". Die Grundlage dafür war die Überlegung, dass „alles schwingt" und dass Schwingungen in fünf vorherrschenden Richtungen verlaufen können: nach außen, nach innen, nach oben, nach unten und horizontal.

Diese Schwingungsrichtungen oder Schwingungszustände erhielten Namen, die sich auf vergleichbare materielle Erscheinungsformen beziehen: Holz (Schwingungsrichtung nach außen), Metall (nach innen), Wasser (nach unten), Feuer (nach oben) und Erde (horizontal). Neben der ursprünglichen Bezeichnung „fünf Schwingungszustände" bürgerte sich der Name *Fünf Elemente* ein.

Alles Existierende kann wiederum einem oder mehreren der *Fünf Elemente* zugeordnet werden und erhält dadurch eine spezifische Qualität, oder anders gesagt, ein bestimmtes elektromagnetisches Energiefeld. Die Feng-Shui-Lehre schreibt dieser Energie ebenso eine Wirkung auf den Menschen zu wie der Vitalenergie Qi.

Spannend an den *Fünf Elementen* ist, dass sie untereinander ständig in Interaktion treten. Diese kann entweder freundlich sein oder zu einem Konflikt führen. Die freundliche Interaktion besteht zwischen Elementen, deren Schwingungen sich zu einem harmonischen Energiefeld verbinden. Ein solches Feld vermittelt eine aufbauende Botschaft an das Unbewusste des Menschen und erweckt den Eindruck angenehmer Ausgeglichenheit. Treffen umgekehrt zwei feindliche, inkompatible Elemente aufeinander, so entsteht ein Spannungsfeld. Ein solches Feld provoziert den Eindruck von Unruhe und Missstimmung und stellt einen Stressfaktor für den Menschen dar.

Ob zwischen zwei Elementen Harmonie oder Konflikt besteht, ergibt sich aus den umseitig abgebildeten Interaktionszyklen. Jedes der *Fünf Elemente* hat vielfältige materielle Repräsentanten. Beispielsweise entsprechen dem Element Holz alle Abstufungen der Farbe Grün, Pflanzen und Bäume sowie die Form der Säule. (Weitere Beispiele für materielle Repräsentanten der Elemente siehe Anhang, Tabelle auf S. 164).

Natürlich sind wir ständig von Harmonie- und Konfliktfeldern umgeben. Unsere Stimmung kann vor allem von großflächigen Konflikten beeinträchtigt werden, die aus dem Aufeinandertreffen von hervortretenden Formen oder Farben entstehen. Farb- und

15

16

15, 16 Die Elementenkräfte des Wassers und des Feuers stehen im Konflikt miteinander, da „Wasser Feuer löscht".

17 Die Kraft des Grüns vermittelt zwischen beiden Elementen.

Formkombinationen, die dem Harmoniezyklus entsprechen, haben daher großen Anteil an der Wohlfühlatmosphäre in einem Verkaufsraum.

In vielen Fällen ist eine solche Zusammenstellung oder entsprechende Veränderung aber nicht möglich, und Kunden werden stattdessen zwangsläufig mit großflächigen Elementekonflikten konfrontiert. Was tun? Die Feng-Shui-Lehre nutzt als Abhilfe die Tatsache, dass zu jeweils zwei „feindlichen" Elementen ein weiteres in einer harmonischen Beziehung steht. Ein Beispiel: Bei der Farbkombination Grün und Gelb besteht nach dem Konfliktzyklus (siehe oben) ein Konflikt zwischen den Elementen Holz und Erde. Beide verhalten sich aber nach dem Harmoniezyklus freundlich zum Element Feuer. Dieses Element wird in Bezug auf den Konflikt als „Brückenelement" bezeichnet. Der Konflikt, der sich aufgrund der grünen und gelben Farbkombination ergibt, wird also entschärft, wenn zwischen beide ein roter Akzent oder ein anderer Feuer-Repräsentant tritt.

Ein derartiger Ausgleich ist nicht in allen Fällen notwendig. Ein Konflikt wie beispielsweise zwischen den Elementen Wasser und Feuer beziehungsweise den Farben Blau und Rot kann ab und zu sogar anregen (Wasserdampf!) und erwünscht sein, um einen ansonsten sehr leblosen Ladenbereich aufzufrischen. Allerdings sollte dies nicht dem Zufall überlassen bleiben, sondern durch bewusste Gestaltungselemente und auf der Grundlage einer Feng-Shui-Beratung geschehen.

17

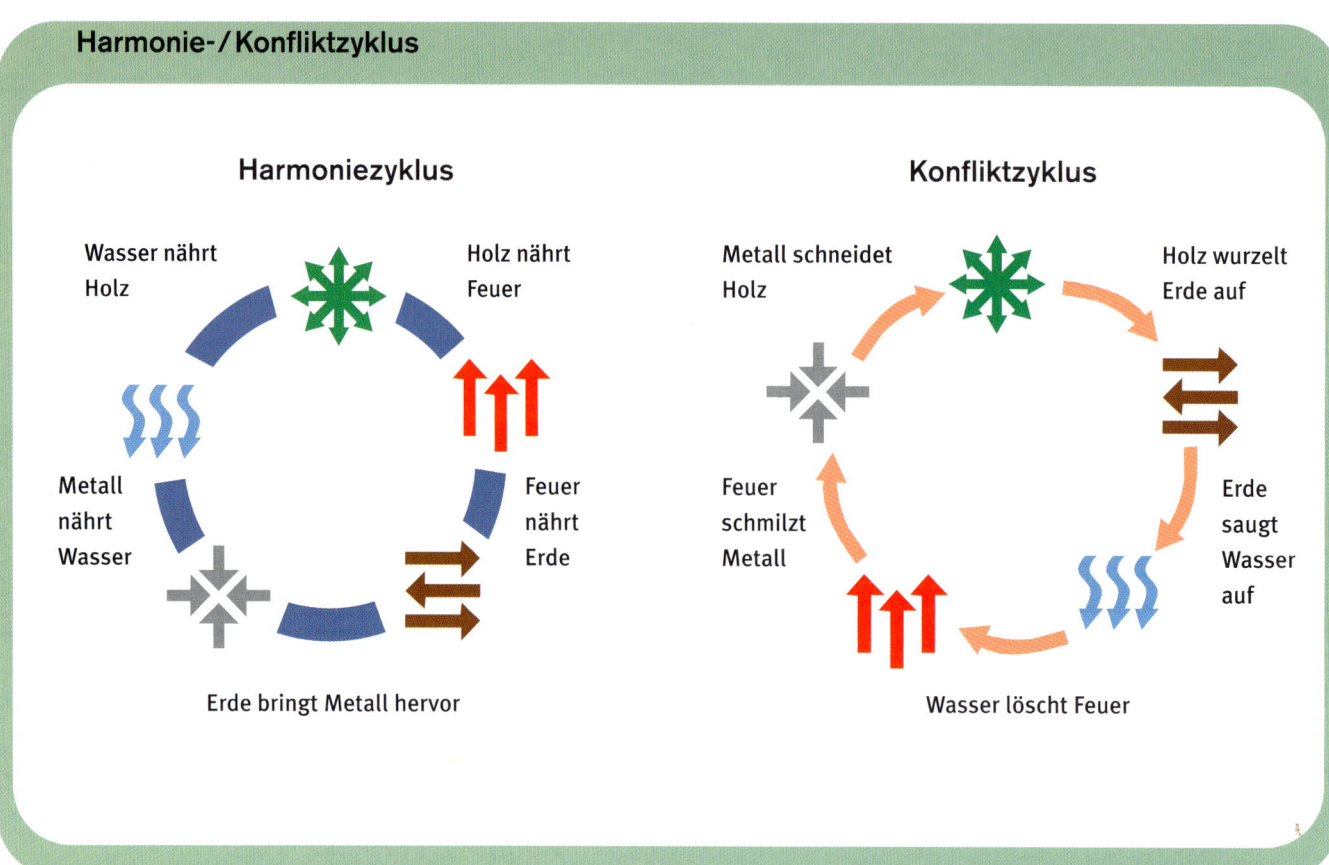

Sind Konflikte aber unerwünscht, insbesondere in Kassen- und Wartebereichen, in Anprobekabinen und überall dort, wo Kunden sich längere Zeit aufhalten, dann können Elementekonflikte in der beschriebenen Weise durch Brückenelemente ausgeglichen werden. Wie bei der Optimierung des Yin-Yang-Verhältnisses reicht es auch hier häufig aus, lediglich Akzente durch Hinzufügung eines materiellen Repräsentanten des „Brückenelementes" zu setzen. Dazu eignen sich zum Beispiel Dekorationen, Warenständer, Hinweisschilder, Bilderrahmen, Blumenvasen und dergleichen mehr.

Die Bedeutung der *Fünf Elemente* in der Feng-Shui-Lehre reicht weit über den Bereich der Formen und Farben hinaus. Auch den Himmelsrichtungen werden Elemente zugeordnet. Hieraus ergeben sich die so genannten „günstigen Sektoren" in einem Verkaufsraum. So hat beispielsweise jedes Gebäude, ausgehend von der Richtung, in der es sich zur Außenwelt öffnet, ein bestimmtes ihm eigenes Element. Vom Mittelpunkt des Gebäudes aus gesehen, kommt jedem der acht nach den Himmelsrichtungen ausgerichteten Sektoren ebenfalls ein Element zu. Auf der Grundlage von Harmonie- und Konfliktzyklus lassen sich nun diejenigen Gebäudebereiche bestimmen, in denen ein Feld der Harmonie vorherrscht.

Das Gleiche gilt für jeden einzelnen Laden: Auch in ihm gibt es entsprechend der Ausrichtung vom Mittelpunkt aus acht Sektoren, die entweder durch harmonische

Brückenzyklus

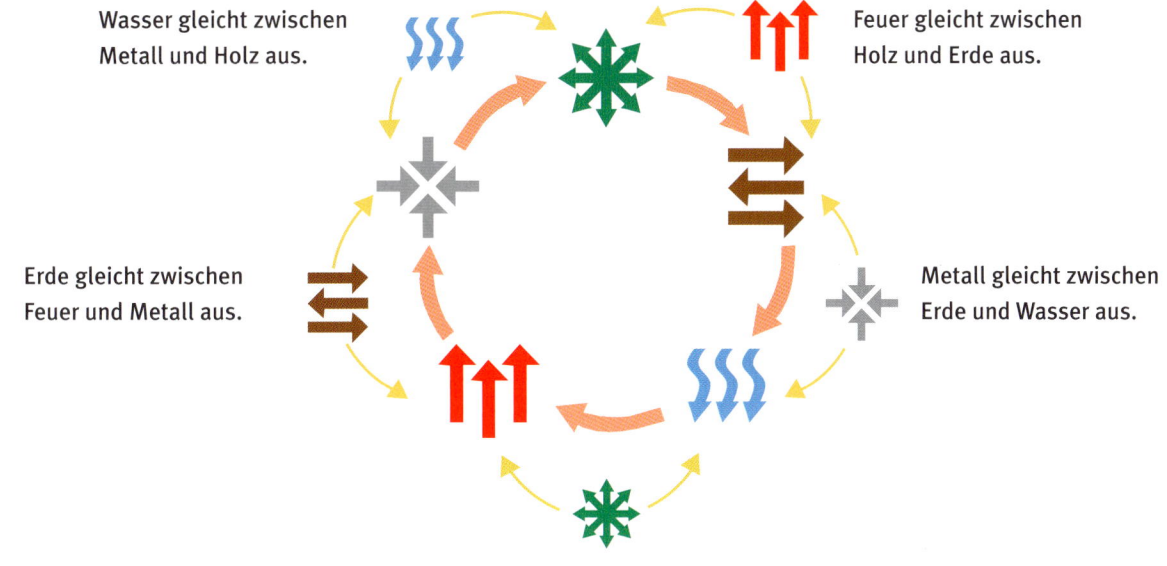

Wasser gleicht zwischen Metall und Holz aus.

Feuer gleicht zwischen Holz und Erde aus.

Erde gleicht zwischen Feuer und Metall aus.

Metall gleicht zwischen Erde und Wasser aus.

Holz gleicht zwischen Wasser und Feuer aus.

Felder oder durch Konflikte gekennzeichnet sind. Bei einer Feng-Shui-Beratung werden diese Felder bestimmt, und es wird versucht, wichtige Bereiche wie Eingangs- und Kassenzonen in harmonischen Sektoren zu positionieren. Ist dies aus funktionalen Gründen, baurechtlichen Vorgaben oder aufgrund des Merchandising nicht möglich, so kann die atmosphärische Spannung des Konfliktbereiches durch dekorative Repräsentanten des jeweiligen „Brückenelementes" ausgeglichen werden.

Ein Beispiel: Ein Laden hat aufgrund der Ausrichtung seines Eingangs das vorherrschende Element Erde. Die Kassenzone befindet sich in einem Bereich, der dem Element Wasser zugeordnet ist. Hierdurch ergibt sich ein Konflikt („Erde saugt Wasser auf"), der in diesem Bereich eine eher unruhige Atmosphäre erzeugt und gleichzeitig den Wohlstand verringert. Dies wirkt sich sowohl als unbewusst wahrgenommener Stressfaktor bei Kunden und Kassenpersonal aus, als auch in einer Beeinträchtigung der Qi-Qualität in diesem Bereich. Besser wäre es, die Kasse in einen Metall-Sektor zu verlegen („Erde bringt Metall hervor"). Außerdem entspricht eine Kasse generell dem Element Metall („klingende Münze"), sodass sie in diesem Fall sozusagen durch den ganzen Laden unterstützt würde. Eine derartige Konstellation kann eine Erklärung dafür sein, warum ein eher unattraktiver Laden trotzdem einen guten Umsatz erzielt. „Was beliebt zusammenzutreffen?"

Muss die Kasse jedoch im Wasser-Sektor bleiben, so lautet die Feng-Shui-Empfehlung, das Brückenelement Metall hinzuzufügen. Dies kann beispielsweise durch ein Design des Kassenbereiches geschehen, bei dem glänzende Metallelemente vorherrschen.

Auch Zeitperioden – von Stunden bis zu Jahren – haben ihre Elemente. Als „günstige Zeitabschnitte" gelten Perioden, bei denen möglichst viele Elemente der einzelnen Zeitabschnitte miteinander in Harmonie stehen.[11] Wesentliche Termine – wie Ladeneröffnungen, umsatzentscheidende Events oder wichtige Verhandlungen – verlaufen nach der Feng-Shui-Empfehlung bedeutend erfolgreicher, wenn sie in eine solche Zeit gelegt werden.

Auch jedem Menschen wird eine Kombination von Elementen zugeordnet, das so genannte *Feng-Shui-Profil*. Die Grundlage dafür sind Geburtsdatum und Geburtsort. Idealerweise sollte zwischen einem Händler oder Filialleiter und seinem Laden energetische Übereinstimmung herrschen, das heißt Harmonie zwischen den jeweiligen Grundelementen. In manchen Fällen kann es vorkommen, dass die Leistungsfähigkeit eines Mitarbeiters laufend dadurch beeinträchtigt wird, dass sich das vorherrschende Element der betreffenden Person im Konflikt mit dem Element des Ladenbereiches befindet, in dem sie arbeitet.[12]

Die *Acht Lebenssituationen*

Doch es gibt noch ein weiteres wichtiges Feng-Shui-Kernelement, das Erfolg oder Verlust im Einzelhandel beeinflusst: der Ladengrundriss. In der Feng-Shui-Terminologie werden dafür die Begriffe *Bagua* oder *Acht Lebenssituationen* verwendet.

Ausgangspunkt für dieses Kernelement ist eine nachvollziehbare Überlegung: Wenn acht in ihren qualitativen Merkmalen unterschiedliche Himmelsrichtungen sozusagen ein Ganzes ergeben, muss diese Achtteilung auch für andere „Ganzheiten" eine Bedeutung haben. Die grundlegende zeitliche Ganzheit für jeden Menschen ist sein Leben. Auch darin gibt es folglich acht „Himmelsrichtungen". Als solche gelten Themenkomplexe, die grundsätzlich jedem Menschen begegnen und insofern archetypisch sind. Diese so genannten *Acht Lebenssituationen* werden in ein achteckiges Raster, das *Bagua* (wörtlich „Achteck") angeordnet.

Die Bezeichnungen und Bedeutungen der *Acht Lebenssituationen* sind: *Reise* – der Lebensweg, die berufliche Karriere, entscheidende Lebensstationen und Schlüsselentscheidungen; *Kontemplation* – Wissen, Schulbildung, der Erfahrungsschatz, die Spiritualität im weitesten Sinne; *Ältere* – die Vergangenheit, die Familie, das genetische Erbe und die übergeordnete Gemeinschaft, sowie der eigene Körper und die physische Gesundheit; *Reichtum* – äußerer Wohlstand und der Reichtum an inneren Werten; *Erleuchtung* – Ruhm und Anerkennung im Außenbereich sowie wirkliches Selbstbewusstsein und das Selbstwertgefühl; *Liebe* – die Beziehung zum Partner; *Kinder* – leibliche, aber auch geistige Kinder (Projekte, Ideen) sowie Kreativität; *Mentoren* – Freunde und andere hilfreiche Menschen, wie zum Beispiel Handwerker und Hauspersonal.

Es entspricht dem chinesischen Denken in Analogien, das System der *Acht Lebenssituationen* noch auf ein anderes „Leben" zu übertragen: das Wirtschaftsleben.

„Bagua": Archetypische Bereiche des Wirtschaftslebens und ihre Anordnung in Räumen

Geschäftserfolg	Image, Marktführerschaft, Identifikation der Mitarbeiter mit dem Unternehmen	Betriebsklima
Kernkompetenzen, Historie, Vorgesetzte, Geschäftsleitung		Kreativität, Marketing, Forschung und Entwicklung, neue Projekte und Filialen
Corporate Knowledge, Corporate Identity, Mission, Ziel, Mitarbeiterschulung	Strategische Planung, Allianzen	Beziehungsnetz, Kontakte zu Kunden, Lieferanten, Dienstleistern, Opinion Leaders

Türseite

Wesentliche Bedeutung für die Ladengestaltung erlangt das System der *Acht Lebenssituationen* wiederum durch die Übertragung auf einen Grundriss. Dieser wird dazu in der Breite und Tiefe in je drei Bereiche eingeteilt, sodass insgesamt neun rechteckige Sektoren entstehen. Um den mittleren neunten Bereich herum werden die acht bereits genannten Themenkomplexe angeordnet.[13]

Ebenso wie es im Leben eines Menschen „fehlende Bereiche" geben kann – beispielsweise keine Freunde, keine leiblichen oder ideellen Kinder, kein Wohlstand –, so weisen auch Grundrisse, die nicht quadratisch, rechteckig oder rund sind, „Fehlbereiche" auf. In der Praxis zählt die Mehrheit der Gebäude und Läden hierzu. Legt man das Raster des Bagua auf einen solchen Grundriss, so wird deutlich, welcher Themenkomplex aus dem Grundriss „herausfällt". In den Beispielen der Grafik S. 44 ist der Grundriss in unterschiedlichen Bereichen „verletzt". Dies bedeutet, dass es an der mit diesen Bereichen verknüpften Energie mangelt. Nicht, dass der Laden nicht erfolgreich sein kann. Aber um

„Verletzter" Grundriss

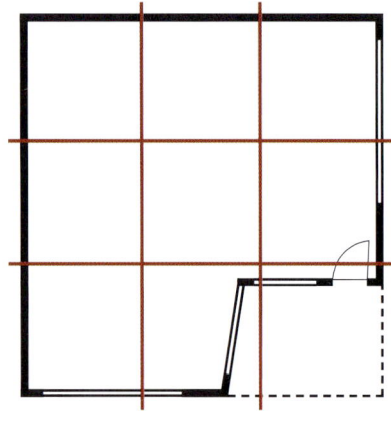

1   Eingangstür im Bereich Beziehungsnetz (Kunden)
Fehlbereiche: Strategische Planung, Beziehungsnetz (Kunden)

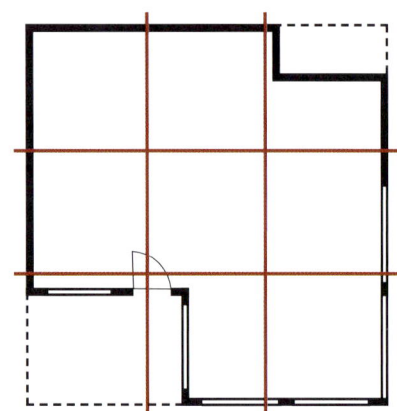

2   Eingangstür in den Bereichen Strategische Planung und Corporate Knowledge
Fehlbereiche: Strategische Planung, Corporate Knowledge, Betriebsklima

3   Eingangstür im Bereich Strategische Planung
Fehlbereiche: Image, Betriebsklima, Kreativität

Ausgleichsmöglichkeiten (vom individuellen Fall abhängig): Platzierung einer Dekorationsfigur an der verlängerten Ecke des Fehlbereiches, möglichst mit einer einladenden Bewegung zum Ladeneingang hin. Aufstellen eines Leuchtkörpers an der gleichen Stelle. Projektion eines sich bewegenden Lichtmusters auf den Boden des fehlenden Bereiches (aber nicht den eigenen Namen!). Bei Schaufenstern Aufstellen einer Wandzone mit Innenspiegel oder einer Wanddekoration mit weiter Aussicht. An Wänden: große Spiegelflächen (nicht gegenüber von Türen!) oder hellere Wandbeleuchtung.

diesen Erfolg zu erlangen, sind mehr Einfallsreichtum, Engagement und Einsatz notwendig. Dagegen würde ein regelmäßiger, nicht „verletzter" Grundriss einen Erfolg dieser Geschäftsbereiche unterstützen. Daher ist ein regelmäßiger Grundriss ein Pluspunkt bei der Standortwahl – selbst wenn ein anderer Laden mit einer stark unregelmäßigen Grundrissform anscheinend betriebswirtschaftliche Vorteile bietet.[14]

Allerdings sind im Feng Shui verschiedene Maßnahmen bekannt, um fehlende Grundrissbereiche auszugleichen. Beispielsweise können sie durch Lichtquellen, Spiegel, Dekorationen oder Illusionsmalerei (Trompe-l'œil-Malerei) an den angrenzenden Wänden sozusagen „virtuell" wieder integriert werden. Der künstlich erzeugte Eindruck der Weite fügt den Fehlbereich wieder hinzu.

Das System der Acht Lebenssituationen hat noch eine zweite Bedeutung: Die Energie eines bestimmten Bereiches kann zusätzlich „aktiviert" und verstärkt werden. Bei der Ladengestaltung kann beispielsweise entsprechend versucht werden, den Kassenbereich in den Sektor „Geschäftserfolg" zu legen. Ein Wartebereich oder die kleine Espressobar könnten im Bereich „Kunden" positioniert werden, Sozialräume im Bereich „Betriebsklima" – immer vorausgesetzt, dass funktionale und rechtliche Bedingungen eine solche Lösung zulassen.

18   Der kleine Schuhladen wird durch eine Trompe-l'œil-Malerei optisch vergrößert.

Feng-Shui-Maße

In die Ladengestaltung können noch weitere Empfehlungen aus dem Feng Shui einfließen. Eine davon betrifft die so genannten „günstigen Feng-Shui-Maße" (siehe Anhang, S. 163).

Hierbei handelt es sich um Maße, die wie der westliche „Goldene Schnitt" als Grundlage natürlicher und heiler Proportionen angesehen werden. Werden bei der Innengestaltung beispielsweise für die Höhe und Breite der Eingangstür, die Abmessungen des Kassentisches sowie für Warenständer aller Art günstige Feng-Shui-Maße verwendet, so ergibt sich dadurch ein nicht zu unterschätzender weiterer Mosaikstein zur Wohlfühlatmosphäre.

Informationsfelder

Neben den Energiefeldern der Harmonie oder Spannung, die es in jedem Laden nach dem System der *Fünf Elemente* gibt, spielen dort noch weitere Kraftfelder eine wichtige Rolle. Sie werden am besten als „Informationsfelder" bezeichnet, im Sinne der nichtstofflichen so genannten *morphischen Felder,* und hängen unter anderem mit der Vorgeschichte des Ladens, des Gebäudes und des Ortes zusammen.[15] Feng Shui geht seit alter Zeit davon aus, dass derartige Informationsfelder dem Unbewussten des Menschen eine positive, aufbauende oder eine ungünstige, störende Botschaft vermitteln.

In Bezug auf die Standortwahl ergibt sich daraus die Notwendigkeit einer sorgfältigen Prüfung der Umgebung sowie – bei älteren Gebäuden – der Historie. Gab es Vorbesitzer, die geschäftlichen Schiffbruch erlitten haben oder mit dem Gesetz in Konflikt gekommen sind? Gibt es in der Nähe Plätze (wie beispielsweise Friedhöfe), an denen Menschen immer wieder mit Leid und Schmerz konfrontiert wurden? Handelt es sich um einen Ort, der von sozialen Auseinandersetzungen gekennzeichnet ist? In solchen Fällen können Bemühungen, im Laden eine Wohlfühlatmosphäre zu erzeugen, von vornherein beeinträchtigt werden.

Nicht unproblematisch ist es aus dem gleichen Grund auch, die Ladeneinrichtung durch Antiquitäten zu ergänzen. Holz, Stoffe und Leder gelten als die besten Speichermaterialien, in die sich eine Spur aller Ereignisse eingräbt, die in der Nähe stattgefunden haben. Wenn beispielsweise ein antiker Tisch als Kassentisch verwendet wird, an dem früher lange Zeit heftige Streitgespräche geführt wurden, so besteht ein entsprechend ungünstiges, durch Aggression und Angst bestimmtes Informationsfeld.

Störende Informationsfelder bestehen im Übrigen auch um Wüstenpflanzen, die sich mit diesem Mechanismus vor Feinden schützen. Ein Kaktus neben der Kasse verbreitet laufend die Botschaft: „Komm mir nicht zu nahe, sonst steche und verletze ich dich!" Selbst wenn sie lediglich unbewusst wahrgenommen wird, schafft dies keine guten Bedingungen für einen aufbauenden letzten Eindruck des Kunden vor dem Hinausgehen.

Zur Thematik der Informationsfelder gehört außerdem die Feng-Shui-Empfehlung, bei jeder Standortwahl auf die so genannten „Vier Himmlischen Tiere" Phoenix, Tiger, Schildkröte und Drache zu achten. In der Terminologie der Tiefenpsychologie stehen diese Bilder für Urbedürfnisse des Menschen nach Freiheit und Sicherheit.

Der *Phoenix* gilt als Symbol für freie Sicht und Inspiration. Ein Laden hat einen guten „Phoenix", wenn er über Ausblick, das heißt eine unverstellte Sicht auf einen attraktiven Außenbereich verfügt. Dies vermittelt ihm im übertragenen Sinn eine fruchtbare Perspektive, das heißt vorteilhafte Zukunftsaussichten.

Der *Tiger* befindet sich, vom Ladeninneren aus gesehen, auf der rechten Seite, der *Drache* auf der linken. Der Tiger symbolisiert die weibliche (Yin)-Seite und ist gekennzeichnet durch Qualitäten wie Schutz und Stärke. Der Drache gilt als männliche (Yang)-Seite und symbolisiert Klugheit und Weitblick. Sind die Kunden eines Ladens – wie bei Textilien – männlich und weiblich, so könnte dieses Informations- und Energiefeld bereits bei der Schaufenstergestaltung genutzt werden, indem nämlich das rechte Schaufenster (vom Ladeninneren her gesehen) Damenkleidung zeigt, das linke dagegen Herrenkleidung aufweist. Man könnte bei einstöckigen Läden mit einem einzigen Eingang diese Aufteilung auch im Ladeninneren weiterführen und Herrenartikel auf der linken Ladenseite, Damenartikel auf der rechten positionieren (immer von der Ladenmitte aus gesehen).

Die *Schildkröte* schließlich betrifft im übertragenen Sinn den Rückenschutz und die Stabilität. Entsprechend ist die Rückwand eines Ladens möglichst geschlossen zu halten, und dahinter sollte sich eine Mauer, eine Baumreihe oder Ähnliches befinden. Verfügt ein Laden über eine massive „Schildkröte", so wird dies symbolisch mit der Unterstützung durch Dritte gleichgesetzt. Dies können beispielsweise Lieferanten und Dienstleister des Ladens sein, aber auch kommunale Institutionen.

Fazit: Die Wohlfühlatmosphäre in einem Verkaufsraum ist eine unsichtbare, nicht messbare Größe, die erheblich davon abhängt, in welche psychologische Stimmung der Kunde dort versetzt wird. Ausschlaggebend dafür sind Anzahl und Art der „Botschaften" an das Unbewusste der Kundenpsyche. Die Feng-Shui-Empfehlungen für das Shop-Design zielen auf die Erzeugung und Betonung psychisch aufbauender Botschaften. Hinzu kommt noch, dass alle beteiligten Faktoren einander beeinflussen: Beispielsweise beeinträchtigt ein Yang-Übergewicht die Qi-Qualität, Harmoniefelder verbessern diese, ein ausgewogener und stetiger Qi-Fluss mildert den negativen Einfluss von Konfliktfeldern und steigert den Effekt guter Merchandisingmaßnahmen. Richtig inszenierte Warenbilder können das Qi auffrischen und Aufmerksamkeit und damit Energie auf sich ziehen und so die Wirkung anderer ungünstiger Feng-Shui-Faktoren bis zu einem gewissen Punkt verringern.

Ein Rundgang durch den Verkaufsraum

Zwischen dem ersten Eindruck des Kunden in dem Moment, in dem er einen Laden sieht, und dem letzten Eindruck beim Bezahlen und Hinausgehen besteht eine Fülle von Möglichkeiten, dem Kunden das Gefühl zu vermitteln, er sei ein willkommener Gast. Sie sind gleichzeitig untrennbar verknüpft mit Maßnahmen, um eine heitere und Vitalität ausstrahlende Atmosphäre zu gestalten. Diese Maßnahmen bewahren den Kunden vor unnötigem Stress und haben eine aufbauende, psychisch wie energetisch stärkende Wirkung auf ihn.

Der erste Eindruck

Wenn sich Ihnen ein Mensch nähert, gewinnen Sie von ihm einen bestimmten Eindruck. Dieser beruht auf Merkmalen, die Ihnen bewusst auffallen, aber auch auf äußerst subtilen Signalen, die Sie unbewusst wahrnehmen. Aufgrund des ersten schnellen Eindrucks ordnen Sie Ihr Gegenüber meistens sofort in die Kategorien „sympathisch" oder „unsympathisch" ein.

Dieser erste Eindruck wird natürlich vertieft, wenn Sie Ihr Gegenüber genauer kennenlernen. Aber es kommt relativ selten vor, dass ein erster unsympathischer Eindruck in sein positives Gegenteil übergeht und umgekehrt. In den meisten Fällen ist der erste Eindruck entscheidend und bleibt bestehen.

Auch die Begegnung des Kunden mit Ihrem Laden folgt diesem Schema. Erinnern wir uns daran, dass der Laden auch als lebender Organismus betrachtet werden kann, der jedem Kunden eine Vielzahl von Botschaften mitteilt. Und der erste Eindruck ist hierbei ebenso wichtig wie in der Interaktion zweier Menschen. Ordnet der Kunde den Laden in die Kategorie sympathisch ein, dann bestehen von vornherein bessere Voraussetzungen für einen Kauf. Dies gilt besonders für Browser, Kunden ohne festen Kaufwunsch, die durch Auslagen und Waren stöbern und „nur" für Spontankäufe zu gewinnen sind.

Der erste Eindruck entsteht bereits in dem Moment, in dem der Kunde den Laden zum ersten Mal sieht. Es kommt hierbei nicht nur auf die augenfälligen Merkmale des Ladens an, die der Kunde bewusst wahrnimmt, sondern auch auf die subliminalen Wahrnehmungen, die das Unbewusste erreichen.

Damit verbundene Fragen sind: Lässt sich Ihr Laden bei Tag und Nacht, von Fußgängern und aus dem Auto bereits von weitem erkennen? Was nimmt der Kunde

1   Ein freier sowie bei Tag und Nacht gut erkennbarer Eingang. Die Qi-Auffrischung durch das Wasserspiel auf der „Drachenseite" rechts vom Eingang intensiviert den Strom der Vitalenergie, die in den Laden fließt.

2, 3

2, 3 Der Organismus Laden lebt auch dann, wenn er geschlossen ist. Um ihn darin zu unterstützen, ist es sinnvoll, dass er auch in den Abendstunden „sein Gesicht zeigt". Dafür kann die Fassade durch eine geeignete, auch fantasievolle Beleuchtung sowie durch ein weithin sichtbares, ebenfalls beleuchtetes Werbeplakat betont werden.

4 Handelt es sich um einen Laden mit großer Verkaufsfläche, kann es angebracht sein, den Außeneindruck entsprechend zu betonen. Ein lachender Hase assoziert den Namenszug und Fröhlichkeit. Der Konflikt zwischen Feuer (Rot) und Wasser (Blau) erzeugt in diesem Fall im übertragenen Sinne „Wasserdampf" und damit einen positiv energiegeladenen Auftritt.

5 Wer den Eingang dieser Bank betreten möchte, muss sich unbewusst wappnen: Es droht ein möglicher Angriff des mächtigen Nashorns rechts.

6 Treppenskulpturen vor einem Geldinstitut: Eine Frau flieht mit einem Sack auf dem Rücken, ein Mann weicht ihr erschrocken aus. Das Unbewusste des Kunden erhält die Botschaft: „Hier droht Gefahr! Nimm Dein Geld und lauf!"

Der erste Eindruck

bewusst wahr, was nur am Rande? Kann er sofort erkennen, wo sich der Eingang befindet? Besteht ein proportional angemessenes Verhältnis zwischen Laden und Eingang?

Und stehen auch Namenszug und Logo in einem vernünftigen Verhältnis zur Größe des Ladens? Sind sie zu klein, dann fehlt es dem Organismus Laden an Selbstbewusstsein und er wird leicht übersehen. Sind Name und Logo dagegen zu mächtig, so kann unbewusst der Eindruck eines aufgeblasenen, angeberischen Geschäftes entstehen – ein Eindruck, der sich leicht im Inneren fortsetzen kann. Derartige Eindrücke erzeugen ein Bedeutungsfeld, das in vielen Fällen auf die tatsächliche Situation im Laden und auf das Verhalten des Verkaufspersonals Einfluss nehmen kann.

Wie sieht die Umgebung aus? Ist sie gepflegt, und vermittelt sie Ihrem Kunden den Eindruck von Sicherheit?

Muss sich der Kunde erst unbewusst die Frage stellen, ob er heil in das Gebäude hineinkommt? Dieser Eindruck kann schnell entstehen, wenn architektonische Merkmale oder auch Kunstwerke unbewusst angreifende oder warnende Botschaften vermitteln.[1]

4

5

6

7

8

7   Macht die Umgebung Ihres Ladens einen belebten Eindruck oder erscheint sie öde, menschenleer, verlassen und seelenlos? Frequentierte Plätze bilden gute Voraussetzungen für einen lebendigen Eindruck.

8   Eine scharfe Gebäudekante zielt auf den Kunden, der auf dieses Blumengeschäft zugeht. Ein schwächender Impuls!

Eine andere bange Frage des Kunden kann vor manchen Läden lauten: „Komme ich hier auch heil wieder heraus?" Dies gilt beispielsweise für Verkaufsräume, die von „Goliaths" bedroht werden. Ein Goliath ist ein Geschäftshaus, welches die Nachbargebäude weit überragt. Durch seine Dominanz führen Läden in den kleineren Gebäuden im wahrsten Sinne des Wortes ein Schattendasein. Vielleicht bemerkt der Kunde diese Diskrepanz nicht bewusst, aber sein Unbewusstes, das den größten Teil der visuellen Informationen erhält und im Bruchteil einer Sekunde interpretiert, wird die Frage stellen, wie verlässlich dieser kleine Laden überhaupt ist. Anschließend wird es den Impuls zu erhöhter Schutzbereitschaft geben, für die psychische Energie notwendig ist. Damit sinken Kauffreude und Entschlussfähigkeit des Kunden. Die unbewusste Botschaft: „Wer weiß, ob du heil hier herauskommst!" ist daher ein bedenklicher erster Eindruck – und eine schlechte Voraussetzung für Spontankäufe.

Wie schaffen Sie in diesem Fall Abhilfe? Machen Sie aus Ihrem Laden einen „David"! Erwecken Sie den Eindruck „klein, aber oho!".

Überprüfen Sie ferner, ob Formen und Farben der Fassade Ihres Ladens untereinander, aber auch mit denjenigen der Nachbarhäuser nach dem System der „Fünf Elemente" im Einklang stehen. Erinnern Sie sich: Großflächige Konflikte erzeugen unharmonische Kraftfelder, die den Qi-Fluss beeinträchtigen und zudem wie eine ungemütliche Schlechtwetterzone wirken. Bestehen diese Konflikte bereits, dann können Außendekorationen in der Farbe oder Form des entsprechenden „Brückenelementes" – wie zum Beispiel Blumenkästen, Pflanzkübel, Werbeschilder, der Hintergrund von Namens- und Logoschildern und so weiter – ausgleichend wirken.

Auch den einzelnen Branchen sind Elemente zugeordnet (siehe Tabelle, S. 164). Hieraus kann sich bei benachbarten Läden ebenfalls entweder eine harmonische Interaktion oder ein energetischer Konflikt ergeben. Die Frage nach den Nachbarn ist daher vor allem auch für die

9 Besteht ein unbewusst einschüchternder „Goliath"-Effekt durch übermächtige Nachbargebäude? Dann betonen Sie Ihren Laden wie hier: Der auffallend überdachte Eingang und die roten Markisen bis in die oberen Stockwerke suggerieren Fröhlichkeit und Leben. Der Eindruck ist: „Wir zeigen Flagge und nehmen es mit jedem auf!" Hinzu kommen die Scheinwerfer, die das Dach „über sich hinauswachsen lassen". Dieser „David" lässt sich nicht unterkriegen!

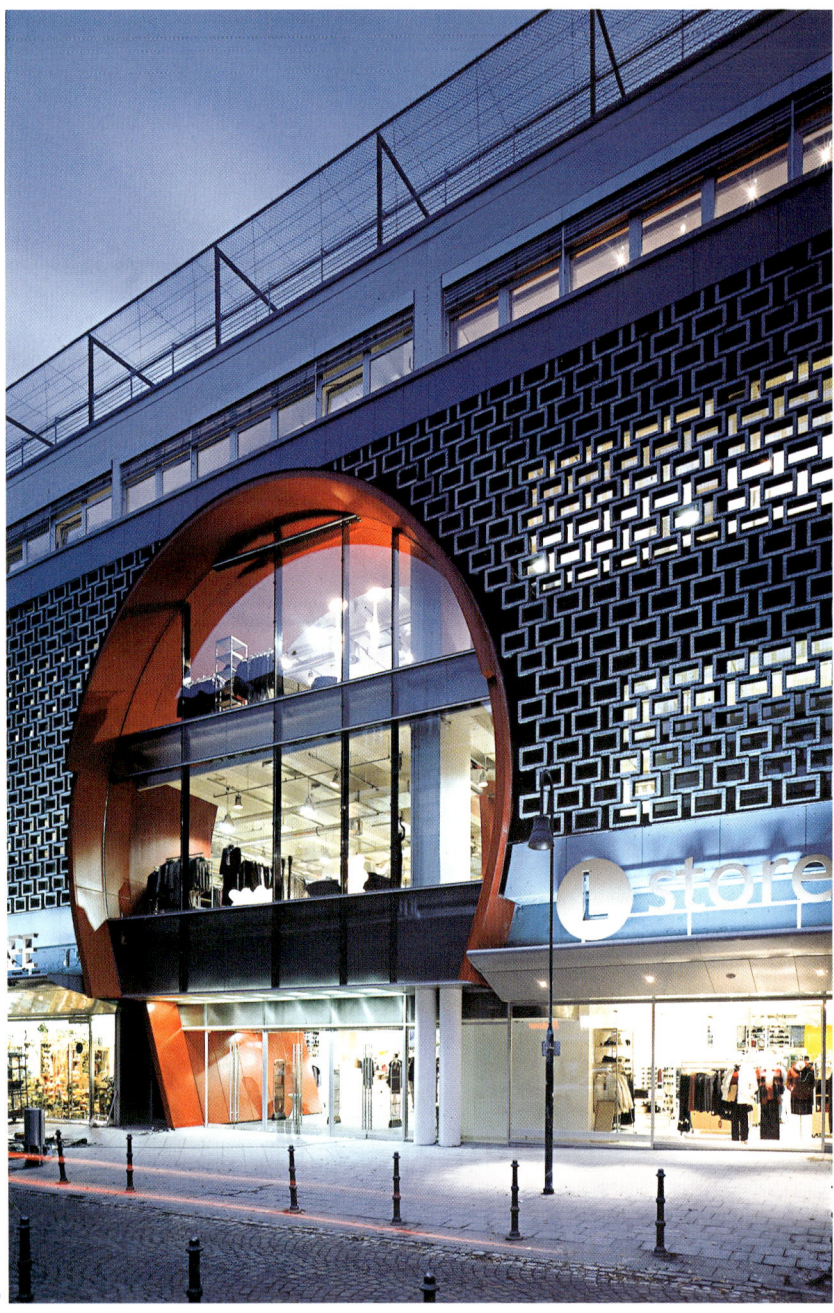

10 Diese Abbildung zeigt mehrere Elementekonflikte. Die blaue Farbe (Element Wasser) steht mit den rechteckigen Fassadenstrukturen (Erde) im Konflikt. Die rote Farbe (Feuer) des Bogens befindet sich in Disharmonie mit seiner Form (Metall). Die Streben auf dem Dach wirken spitzwinklig (Feuer) und sind im Konflikt zu ihrem Material (Metall).

11 Auch zwischen Nachbarhäusern können Harmonie oder Konflikte bestehen. Die vorherrschend rosa Fassade des linken Gebäudes (Element Feuer) steht in Harmonie mit der überwiegend gelben des Gebäudes in der Mitte (Erde), dagegen im Konflikt zur blauen Fassade des Nachbargebäudes rechts (Wasser).

12 Auf Plätzen mit Springbrunnen sprudelt das Leben, umso mehr, wenn sie wie südländische Piazzas sozusagen „organisch gewachsen" und nicht einförmig auf dem Reißbrett entstanden sind wie manche rechteckigen, eintönigen Betonflächen deutscher Kleinstädte.

13 „Die Sonne bringt es an den Tag" – hier die feinen Spinnweben am Logo eines exklusiven Ladens. Der Außenauftritt eines Ladens sollte daher bei jedem Wetter und jeder Beleuchtung überprüft werden.

14 Nicht ausreichend entspiegelte Schaufenster bringen die Ware weniger zur Geltung und irritieren die Kunden.

12

Standortwahl relevant. In nicht vermeidbaren Konfliktfällen kann über Dekorationen aus dem Bereich der Brückenelemente ausgeglichen werden.

Je belebter und frischer der Ladenvorplatz ist, desto besser. Haben Sie bereits das Glück, dass sich Ihr Laden an einem Platz mit einem Brunnen befindet, dann überprüfen Sie täglich selbst die Sauberkeit dieser wichtigen Qi-Quelle!

Befindet sich dagegen vor Ihrem Laden ein leerer Platz, dann schließen Sie sich doch im Rahmen des Stadtmarketings mit anderen Gewerbetreibenden zusammen und investieren Sie gemeinsam in einen Brunnen oder ein attraktives Blumenrondell.

Sauberkeit in der unmittelbaren Umgebung eines Ladens ist keinesfalls selbstverständlich. Wir sehen immer wieder Läden, vor deren Eingang Abfälle und Zigarettenkippen herumliegen. Die Praxis zeigt, dass gerade auf diesem Gebiet häufig Nachlässigkeit herrscht. Oft werden die Sauberkeit und die Pflege dieses Bereiches auf die Hausverwaltung, den Nachbarn oder die Stadtreinigung abgeschoben.

Ein möglichst täglicher und bei unterschiedlichen Lichtbedingungen vorgenommener Check des Außeneindrucks zählt ebenso zu den „Hausaufgaben" des Ladenbetreibers wie organisatorische und planerische Aufgaben. Und zwar persönlich! Die Überprüfung des Außenauftrittes ausschließlich an Mitarbeiter zu delegieren ist keine besonders gute Idee. Beachten Sie auch, dass störende Verschmutzungen oft nur im Tageslicht oder sogar nur bei Sonnenschein erkennbar sind.

Achten Sie grundsätzlich auch auf eventuelle doppelte Botschaften. Das „Gesicht des Ladens", die Fassade, und die anderen Elemente des Außenauftritts sollten völlig kongruent mit der Unternehmensphilosophie und den Werbebotschaften sein. Wer beispielsweise dem Kunden das Image des Gepflegten und Eleganten vermitteln möchte, darf nicht mit einem Gebäude auftreten, an dessen Fassade die Farbe abblättert, oder mit einer Marmorfassade, die am unteren Rand durch Regen, Straßenstaub und vierbeinige Freunde notorisch einen Schmutzfilm aufweist.

Nicht ausreichend entspiegelte Schaufenster sind ebenfalls doppelte Botschaften. Sie wirken wie spiegelnde Sonnenbrillen. Der Kunde sieht die Straße hinter sich, aber weniger die Ware. Er kann dadurch schnell verunsichert oder sogar verärgert werden.

Berücksichtigen Sie ferner, dass die Schaufenster Ihres Ladens sozusagen seine Augen sind. Auch wenn Ladendesigner das Geschäftszeichen auf den Außenmarkisen angebracht haben und dementsprechend verlangen, dass diese ständig – im Sommer wie im Winter – heruntergelassen sein müssen: Auf den Kunden macht ein solches „Gesicht" einen ewig schläfrigen Eindruck. Sowohl für Markisen als auch für die Beleuchtung ist eine automatische Einstellung je nach dem Tageslicht in vielen Fällen zwingend erforderlich.

Besonders hier gilt es, auf die unbewussten Botschaften zu achten, die jede Schaufenstergestaltung dem Betrachter vermittelt. Diese Botschaften gehören zum ersten Eindruck, den der Kunde vom Geschäft gewinnt (zu Einzelheiten der Schaufenstergestaltung siehe S. 104). Und eigentlich selbstverständlich, aber trotzdem oft unberücksichtigt: Schaufenster sollten sauber sein. Wie oft sehen wir beispielsweise tote Insekten und dicke Spinnweben zwischen den Beleuchtungskörpern!

Zum Schluss eine grundsätzliche Frage, die wir jedem Händler stellen: Sehen Sie Ihrem Laden überhaupt regelmäßig ins Gesicht? Das heißt, sehen Sie ihn so wie der Kunde? Können Sie den ersten Eindruck, den Ihr Kunde bekommt, immer wieder selbst nachvollziehen und überprüfen? Viele Händler betreten ihren Laden nicht durch den Haupteingang, sondern kommen durch eine Hintertür oder von einer Parkgarage hinein. Besser wäre es – und auch für die Mitarbeiter zu empfehlen –, den eigenen Laden zumindest zu Beginn des Tages grundsätzlich auf dem gleichen Weg zu betreten, den auch die Kunden nehmen.

13

14

Die Kundenbegrüßung

Der nächste Abschnitt auf unserem Rundgang betrifft den zweiten Eindruck, die Kundenbegrüßung. Sie erfolgt in dem Moment, in dem der Kunde den Laden betritt. Wie dieser Eindruck ausfällt, ergibt sich aus der Gestaltung des Eingangs. Dabei gibt es zwei Gefahren: Formen und Materialien stehen häufig weit mehr im Mittelpunkt als die energetische Versorgung des Ladens und die psychologischen Botschaften der gesamten Eingangsgestaltung. Und oft werden ursprünglich gute Absichten des Ladengestalters später durch Unachtsamkeit sabotiert.

Die „Pforte des Qi"

Der Eingang ist der „Mund des Ladens". Er ist essenziell für die Versorgung des Verkaufsraumes mit der Vitalenergie Qi. Dies trifft sich mit der Erkenntnis der Ladenbauer, dass die Kunden generell einen freien, großzügigen Durchgang vorziehen.[1] Dennoch werden Eingänge nicht immer als „Pforte des Qi" gestaltet, um einen Begriff aus dem Feng Shui zu verwenden. Die Qi-Versorgung ist von mehreren Faktoren abhängig.

Als Erstes besteht die Frage, ob vor dem Laden genügend Vitalität und Lebendigkeit herrschen (siehe dazu S. 58). Je besser der Eingang gekennzeichnet ist, desto eher „findet" ihn die Energie. Je größer und weniger er verstellt ist, desto leichter kann sie schließlich in den Laden hineinströmen.

Ladeneingänge sollten sich immer von der unmittelbaren Umgebung abheben. Die Betonung des Eingangs kann durch paarweise aufgestellte Pflanzen oder Werbe- und Dekorationsobjekte rechts und links erfolgen, sowie bei Dunkelheit durch entsprechende Beleuchtung. Auch eine ausgefallene Bodengestaltung oder -markierung vor dem Laden, ja sogar – sofern sie zum Ladentyp passen –

[1] Die eigene Ware betont den Eingang. Die Aufmerksamkeit des Kunden wird geweckt, und es sind nur wenige Schritte in den Laden.

2

3

4

2 Der „Mund des Ladens" wird betont. Gleichzeitig wird eine spielerische Note hinzugefügt, die – wie ebenso die Pflanzen an den Seiten – einen Ausgleich für die streng lineare Gestaltung darstellt. Der Eingang ist weitgehend frei. Zu optimieren: die scharfen Kanten der Stützpfeiler.

3 Klare Fassadengestaltung: Der Eingang wird durch rechts und links aufgestellte Pflanzen betont. Die Bogenformen wirken als Yin-Akzent gegenüber der im Übrigen linearen Fassadengliederung.

4 Auf den ersten Blick eine gute Eingangsbetonung, deren Gestaltung gleichzeitig bildhaft die Produktgattung widerspiegelt. Im Hinblick auf die *Fünf Elemente* wird der Eingang allerdings durch ein Konfliktfeld gestört: Die hohe Säulenform entspricht dem Element Holz, die braune Farbe dem Element Erde, die Metallteile dem Element Metall. Erde und Metall stehen im Konflikt mit Holz. Das „Brückenelement" Wasser fehlt.

Die Kundenbegrüßung

5

5   Eine klare und großzügige Eingangsgestaltung. Die Anzahl der Stufen vor einem Eingang sollte jedoch ungerade sein. Gerade Zahlen haben passiven Charakter, eine ungerade Anzahl ist dagegen dynamisch, da sie nach Ausgleich strebt.

6   Ein unverstellter Eingangsbereich mit einer klaren Namensbotschaft.

6

auffällige farbige Fußabdrücke ziehen die Aufmerksamkeit und damit Qi-Energie an.

Die Energie sollte aber auch die Chance haben, überhaupt in den Laden hineinzugelangen. Befindet sich ein Ladeneingang seitlich an einem Durchgang, dann besteht die Gefahr, dass sie zu schnell daran vorbeifließt und nicht hineingelangt.

Auf keinen Fall darf sich bei kleineren Läden innen direkt gegenüber der Ladentür ein Spiegel befinden. Die Energie würde dadurch zurückreflektiert und könnte nicht in die weiteren Ladenbereiche gelangen (siehe auch S. 36).

Eingangstüren sollten sich grundsätzlich nach innen öffnen. Da wir gewohnt sind, in Räume hineinzugehen, wirkt es eher verunsichernd, wenn sich Türen nur nach außen öffnen. Denkbar sind Schwenktüren mit beidseitiger Öffnung. Vorteilhaft ist es, wenn das lichte Innenmaß der Türöffnung mit den „günstigen Feng-Shui-Maßen" (siehe S. 163) in Übereinstimmung steht.

Drehtüren sollten so großzügig wie möglich angelegt sein. Sie fördern den Qi-Strom, wenn sie ständig in Betrieb sind. Dabei sind drei Flügel besser als zwei. Drei ist eine dynamische Yang-Zahl, Zwei eine statische Yin-Zahl. Die Drehrichtung im oder gegen den Uhrzeigersinn sollte im Hinblick darauf gewählt werden, ob der Qi-Strom innen eher nach rechts oder nach links gelenkt werden soll, je nachdem wohin sich der Raum stärker öffnet.

Luftschleieranlagen an den Eingangstüren sind zwar zur Klimatisierung vieler Läden notwendig, können aber den Qi-Durchfluss stören. Der Betrieb sollte deshalb an der untersten Grenze der Effektivität eingestellt sein. Ältere Anlagen blasen den Kunden oft mit einem zu scharfen Luftstrahl an, der ihn irritiert: eine verunsichernde doppelte Botschaft.

Achten Sie außerdem darauf, dass im Eingangsbereich keine Qi-Kontaminationen, Blockaden, Qi-Pfeile oder eine Qi-Vermischung entstehen. Qi-Blockaden werden am häufigsten durch ungünstig positionierte Warenständer im Außenbereich hervorgerufen. Obwohl das Außenangebot oft als notwendige Umsatzförderung dargestellt wird, ersetzt es nicht den im Laden erzielten Umsatz.[2] Es grenzt an ein „Eigentor" des Händlers, wenn sich seine Kunden durch Theken oder Ständer hindurchzwängen

7 Die Gestaltung des Bereiches vor dem Eingang zieht die Aufmerksamkeit an. Der eigentliche Ladeneingang liegt innen zur linken Hand.

8

9

8   Der Eingang zu diesem Laden befindet sich in der kurzen Passage auf der rechten Seite. Der Qi-Strom wird ihn jedoch ignorieren, da die Energie durch die Glastür am hinteren Ende sofort wieder ins Freie strömt. Resultat: ein verminderter Energiefluss im Verkaufsraum.

9   Gute Eingangsbetonung mit leicht geschwungener Überdachung. Glücklicherweise wurde hier nicht dem Trend gefolgt, diese als Stahlkonstruktion mit aggressiven Spitzen zu gestalten. Dennoch besteht ein gravierendes Hindernis für den Qi-Fluss: Der Spiegel gegenüber dem Eingang im Laden wirft die hineinströmende Energie sofort wieder zurück.

10   Dieser Eingang wird durch Warenständer verstellt, die Energie wird blockiert.

10

65

11

12

müssen, um in den Laden zu gelangen. Bei großer Kundenfrequenz kommt es unweigerlich zu Beinahe-Zusammenstößen, und viele Menschen reagieren auf die Berührung durch Unbekannte bewusst oder unbewusst mit erheblicher Verärgerung. Schon sinkt die für einen ungestörten Kaufabschluss notwendige Bewusstseinsspannung – und dies bereits im Eingangsbereich!

Auch in der Empfangszone unmittelbar hinter dem Eingang können Qi-Blockaden hervorgerufen werden, wenn große Warenpräsenter mit Billigangeboten locken. Unabhängig davon, ob Kunden sich freuen, wenn sie im übertragenen Sinn sofort „gegen eine Wand laufen": Der gesamte Laden „atmet" in diesem Fall ungefähr so, als ob Sie sich ein Nasenloch zuhalten und durch das andere die Atemluft nur noch mit halbierter Kraft inhalieren. Als Qi-Blockade wirken auch quer verlaufende Streifen auf dem Fußboden, beispielsweise in einem gemusterten Sauberlauf, oder quer angebrachte Leuchtröhren an der Decke.

Qi-Pfeile im Eingangsbereich gleichen einem Angriff, dem sich der Kunde weder beim Betreten noch Hinausgehen entziehen kann. Ein Qi-Pfeil wird beispielsweise durch lanzen- oder rasiermesserförmige Hindernisse direkt vor dem Ladeneingang „abgefeuert". Dies können ein Laternenmast, ein genau vor dem Eingang stehendes Werbeplakat oder ein unglücklich positionierter Baum sein. Derartige Hindernisse direkt vor dem Ladeneingang wirken im übertragenen Sinn so, als ob ständig jemand mit einer Lanze direkt auf Ihren Mund zielt – eine unangenehme Vorstellung. Lässt sich ein Baum oder ein Laternenmast nicht verpflanzen oder zur Seite rücken, so sollte er auf sinnvolle Weise „verkleidet" werden, zum Beispiel durch eine Pflanze. Und stellen Sie Werbeplakate immer nur seitlich vom Eingang auf!

Qi-Pfeile können auch durch die Straßenführung entstehen. Dies ist beispielsweise dann der Fall, wenn eine Straße direkt auf den Ladeneingang zuführt und erst kurz davor abbiegt. Auch Eingänge an der Stirnseite einer T-Kreuzung werden in gefährlicher Weise angegriffen.

11   Steht in geringer Entfernung direkt vor einem Eingang ein Baumstamm, Laternenmast oder anderes lanzenförmiges Objekt, so wird der Eingang bedroht. Ein Qi-Pfeil entsteht.

12   Die vor dem Ladeneingang abbiegende Straße erzeugt einen Qi-Pfeil – eine Situation, die wie jede andere „Bedrohung" im Eingangsbereich dem Unbewussten der Kunden eine negative Botschaft vermittelt.

13   Mag James Bond mit seiner neuen Uhr noch so gut aussehen – als scharfes „schneidendes Messer", das wie eine vertikale Rasierklinge auf den Eingang gerichtet ist, wird die Werbetafel zur „Umsatzbremse". Rechts oder links vom Eingang wäre sie besser platziert und würde die gleiche Aufmerksamkeit erregen.

14   Scheinbar eine gute Idee, mit einem überdimensionalen Werbeobjekt den Eingang zu betonen. Es erweckt Aufmerksamkeit, grenzt aber trotzdem an ein „Eigentor": Der ohnehin durch den scharfkantigen Stützpfeiler entwertete Eingang wird noch kleiner.

13

14

Auch die Antennen von EAS-Systemen (Elektronische Artikel-Sicherung) können Qi-Blockaden beziehungsweise Qi-Pfeile hervorrufen, wenn sie geringe Entfernung voneinander haben und die Eingangsmitte verstellen. Sie sollten daher immer im breitestmöglichen Abstand voneinander installiert werden. Haben sie allerdings scharfe Kanten, so wirken sie wie „schneidende Messer". Dieser Feng-Shui-Begriff für dünne horizontale Regalböden, Tischplatten und Ablageflächen mit scharfen Kanten ist auch hier angebracht.

Eine Qi-Vermischung kann bei Läden mit mehr als einem Eingang entstehen. In solchen Fällen sollte bewusst einer davon zum Haupteingang bestimmt werden. Dabei sind funktionale Gesichtspunkte wie der hauptsächliche Kundenfluss ausschlaggebend. Sinnvoll wäre es darüber hinaus aber auch, im Zuge einer Feng-Shui-Beratung prüfen zu lassen, welcher der Eingänge aus energetischer Sicht vorteilhafter ist. Der Haupteingang sollte stets auffälliger und sorgfältiger gestaltet und betont werden als der oder die anderen Eingänge.

Vor allem: Da der Haupteingang das „Gesicht des Ladens zur Welt" bestimmt, sollten auch Händler oder Betreiber sowie die Mitarbeiter so oft wie möglich diesen Zugang zu ihrem Laden benutzen.

15   Eine besondere Problematik entsteht durch die Antennen von EAS-Anlagen. Sie sollten so klein wie nur möglich sein, um Kunden nicht als quasi „schneidende" Messer anzugreifen.

Die Empfangszone

Den dritten Eindruck – nach dem Außenbereich und dem Eingang – gewinnt der Kunde in der Empfangszone unmittelbar hinter dem Ladeneingang. Gerade dieser Bereich bedarf einer bewusst auf die psychische und energetische Stärkung des Kunden ausgerichteten Gestaltung.

Empfangszonen sind Übergangsbereiche. Paco Underhill nennt sie zu Recht „Landebahnen" des Kunden.[3] Viele Kunden sind gewöhnt, in Läden „hineinzustürzen", und müssen hier zunächst einmal abbremsen. Sie verlassen die Außenwelt und betreten einen anderen Raum. Ihr Körper reagiert auf diesen Übergang mit zahllosen feinen Anpassungsprozessen – die jedoch Energie kosten.

16   Die spitze Kante der Bodenmarkierung „zielt" auf allen vier Seiten der Informations- und Kasseninsel auf herankommende Kunden. Die Kasseninsel selbst wirkt wie eine „Wagenburg", Motto: „Vorsicht, es naht ein Kunde – er könnte etwas kaufen!"

Strömt in der Empfangszone nun eine Unmenge von Informationen oder ein Überangebot an Waren auf die Kunden ein, dann können sie diese durchaus gut gemeinten Angebote leicht als störend empfinden. Die Kunden sollten daher zunächst einmal psychisch und physisch zur Ruhe kommen, also „landen" können.[4] Paco Underhill beobachtete: „Wenn die Verkäufer [die Kunden in diesem Bereich] mit einem herzlichen ‚Kann ich Ihnen helfen?' begrüßen, werden sie mit ‚Nein, danke' antworten." Erfolgt diese Frage also zu früh oder im falschen Tonfall, so beginnt der Einkauf in vielen Fällen bereits mit einem kleinen Ärgernis.

Natürlich haben gerade in diesem sensiblen Bereich alle anderen schwächenden Faktoren eine verstärkt negative Wirkung. Dies gilt vor allem für doppelte Botschaften. Wird der Kunde einerseits sichtbar willkommen geheißen, andererseits durch subliminale Angriffe attackiert, so tritt bereits hier eine unmerkliche psychische Anspannung ein, die die Bewusstseinsleistungen und die körperliche Leistungsfähigkeit herabsetzen kann.

Derartige subliminal wirkende Angriffe können sich durch Wandkanten im Eingangsbereich ergeben, durch spitze Kanten von Bodenmarkierungen oder -mosaiken, durch Werbe- oder Dekorationsobjekte mit aggressiven Inhalten oder auch durch die Blendung des Kunden (siehe S. 22).

Zuletzt noch ein wichtiger Hinweis für die Gestaltung von Sauberläufen: Nutzen Sie sie niemals als Werbefläche! Lassen Sie es nicht zu, dass Kunden und Mitarbeiter Ihre Marke, Ihren Namen oder Ihr Logo mit Füßen treten! Hieraus ergibt sich im Unbewussten von Kunden und Personal immer eine Entwürdigung. Halten Sie unseren Hinweis für übertrieben? Dann stellen Sie sich doch kurz einmal vor, ein großformatiges Foto Ihres Gesichtes sei auf dem Sauberlauf abgebildet. Würden Sie sich bei diesem Gedanken wohl fühlen?

16

Die Kundenführung

„Der gesamte Verkaufsraum ist wie die Seite einer Tageszeitung: riesig, viele kleine Buchstaben, die man nur überschauen kann, wenn das Layout den Text in Absätzen ordnet durch Überschriften, Zwischenüberschriften, Abbildungen und Querbalken."[1]

Die funktionale Bedeutung der Kundenführung ist also klar: Der Kunde soll von dem verwirrenden Durcheinander vielfältiger Informationen und Reize, die zunächst auf ihn einströmen, befreit und auf möglichst effektive Art zu dem Ort geleitet werden, an dem er seinen Kaufwunsch realisieren kann. Dabei soll er auf seinem Weg so lange wie möglich Sinneserlebnissen begegnen, die weitere Wünsche inspirieren.

Kundenführung auf möglichst kurzen Wegen, die gleichzeitig möglichst unterhaltsam sind, damit er sich so lange wie möglich auf ihnen aufhält – eigentlich ein Paradox. Die Rechnung kann nur aufgehen, wenn der Kunde wie ein scheues Reh betrachtet wird, das allzu leicht erschrickt und dann fluchtartig neue Reviere sucht: die Läden der Mitbewerber. Dies zu vermeiden wird ohne die Berücksichtigung raumpsychologischer Gesichtspunkte kaum gelingen.

Leitwege

Alle Wege in einem Laden sind Qi-Bahnen. Auf stark frequentierten Wegen entwickelt der Qi-Strom eine Eigendynamik und wandelt sich zu einem stetigen Energiefluss. Den idealen Verlauf eines solchen Energieflusses zeigt uns die Natur: Beobachten Sie einmal aus der Vogelperspektive, wie sich ein Fluss sanft durch die Landschaft schlängelt.

Im Laden bietet eine geschwungene Wegeführung mit runden oder elliptischen Wegen nicht nur die besten Bedingungen für die ausgeglichene Versorgung der

[1] Die Kundenführung darf nicht nur unter funktionalen Aspekten gesehen werden. Psychologische und energetische Gesichtspunkte spielen eine ebenso wichtige Rolle.

2

3

2 Auf diesem geschwungenen Kundenweg fließt der Qi-Strom in sanften, mäandernden Bahnen. Eine wirksame Unterstützung ergibt sich durch die ebenfalls geschwungene Lichtleiste. Die Kunden werden dadurch zum Flanieren eingeladen.

3 Die lange Verkaufsachse erzeugt einen Qi-Pfeil. Eine geringe Abhilfe entsteht durch die quer angebrachten Beleuchtungskörper.

4 Qi-Lenkung durch raumteilende, leicht geschwungene „Tore" und frei positionierte Warenträger. Psychologisch werden hier sowohl Großzügigkeit als auch Intimität und Sicherheit vermittelt.

Die Kundenführung

einzelnen Ladenbereiche mit der Vitalenergie. Sie wird auch von Architekten geschätzt, da sie eine interessantere Gestaltung ermöglicht als die gerade, rechtwinklige Wegeführung. Diese hat außerdem vom energetischen Standpunkt aus einen gravierenden Nachteil: Auf geraden Strecken beschleunigt der Qi-Strom und wird nach einigen Metern zu einem „angreifenden Qi-Pfeil".

In vielen Fällen befinden sich am Ende derartiger „Qi-Autobahnen" Warenständer oder Anprobekabinen. Dies ist gleichermaßen ungünstig: Kunden und Mitarbeiter, die sich an den Warenständern aufhalten, werden durch den Qi-Pfeil in den Rücken getroffen. Da Psyche und Körper dagegen unbewusst einen Schutzwall aufbauen, der Energie kostet, werden Kunden und Mitarbeiter ein ähnlich unbehagliches Gefühl haben wie ein Gast, der in der Mitte eines Restaurants sitzt und der Tür und dem Geschehen den Rücken zuwendet. Das Gleiche gilt für Kunden, die die Anprobekabinen aufsuchen. Auch sie werden, ohne es physisch bewusst zu merken, von einem Qi-Pfeil getroffen. Je gestresster sie ohnehin sind, und je weniger psychische Energie für die Erhaltung einer ausgeglichenen Bewusstseinsspannung zur Verfügung steht, desto geringer wird ihre Kauflust.

Es ist folglich auch keine gute Idee, spezielle Verkaufsaktionen am Ende einer langen, geraden Verkaufsachse zu positionieren, wenn die Kunden davor verweilen sollen.

Ganz allgemein sind zentrische Wegeführungen von vornherein vorzuziehen. Bei dynamischer, diagonaler oder freier Wegeführung werden gerade Achsen am besten nach jeweils acht bis zehn Metern durch „Qi-Inseln" oder Plätze unterbrochen. Die Unterbrechung sollte, wenn möglich, auch durch einen Farb- oder Materialwechsel betont werden. Bei Parkettfußböden könnte sich auch die Richtung der einzelnen Parkettelemente verändern.

Wie aber lassen sich Qi-Pfeile in bestehenden geraden Verkaufsachsen verhindern? Ein wesentlicher Grundsatz lautet auch hier: „Energy flows where the atten-

5 Die Farben des geschwungenen Loops entsprechen einer harmonischen Abfolge der *Fünf Elemente:* Blau, Grün und Orange stehen für die Elemente Wasser, Holz und Feuer, eingefasst vom Element Erde (Beige) des übrigen Bodenbelages.

Die Kundenführung

6   Mehrere Maßnahmen für eine optimale „Besänftigung" des Qi-Flusses auf der langen Verkaufsachse. Warenständer auf der linken Seite sowie Werbeplakate an der Decke bremsen den Qi-Strom von Zeit zu Zeit. Die geschickte Beleuchtung der Decke erzeugt ein geschwungenes Muster, das ebenfalls den Qi-Strom verlangsamt. Ein Spiegel zwischen den Anprobekabinen reflektiert und lenkt die Vitalenergie kurz nach rechts, und auch die Aufmerksamkeit des Kunden wird an dieser Stelle bewusst oder subliminal nach rechts auf das große Werbeplakat gelenkt.

6

7   Die Lichtstruktur wird konsequent bis zum Ende der Verkaufsachse beibehalten. Sie wiederholt sich zusätzlich links auf der tragenden Säule. Ein Werbeplakat lenkt die Aufmerksamkeit bis an die hintere Wand und noch darüber hinaus, weil das Plakat scheinbar den Ausblick in die freie Natur ermöglicht.

7

8

8 Die zentrische Loopführung umschließt eine Art Arena in der Mitte, die sich für die freie Positionierung der Warenständer anbietet. Der Nachteil der Einbuße an Verkaufsfläche wird mehr als ausgeglichen durch das interessantere visuelle Erlebnis des Kunden. Je mehr die Aufmerksamkeit mit attraktiven Durchblicken auf Warenbilder hin- und hergelenkt wird, desto intensiver verteilt sich auch der Qi-Strom in alle Ladenbereiche.

9 Materialwechsel dürfen keine scharfen Kanten aufweisen, die auf darauf zugehende Kunden unbewusst angreifend und aggressiv wirken. Dieser Gefahr wird durch die Abrundung der Fußbodenbeläge begegnet.

9

10 Übergänge in Einkaufszentren sind potenzielle Unsicherheitszonen. Daher dürfen sie nicht einer schwankenden Urwaldbrücke ähneln, sondern müssen einen risikolosen und festen Eindruck machen.

Die Kundenführung

10

tion goes" (vgl. Anm. 7, S. 167). Werden also beispielsweise Warenstände versetzt rechts und links in die Verkaufsachse gerückt, so wird dadurch auch der Qi-Fluss verlangsamt und geschwungen.

Genauso können versetzte Warenbilder genutzt werden, die wechselseitig an der Verkaufsachse positioniert werden. Eine weitere Möglichkeit: Da die Deckenbeleuchtung auf den Qi-Fluss einwirkt, kann dieser auch von geschwungenen Lichtleisten oder versetzt angebrachten Leuchtkörpern in eine leicht mäandernde Form gebracht werden. Keinesfalls aber sollten lange, gerade Verkaufsachsen noch durch in Längsrichtung angebrachte Leuchtstoffröhren oder längs verlaufende Schlitzauslässe von Lüftungsanlagen betont werden.

Die Bodengestaltung kann durch Materialwechsel ebenfalls zur Verlangsamung des Qi-Stromes beitragen. In Verkaufsachsen, die auch als Rettungswege dienen und daher nicht verstellt werden dürfen, bilden geschwungene Bodenmarkierungen kein Hindernis. Die Bodengestaltung sollte jedoch im Hinblick auf „angreifende Qi-Pfeile" geprüft werden. Denn zur möglichst stressfreien Wegeführung zählt auch, derartige Angriffe zu vermeiden. Gleich ob es sich um den Wechsel zweier Materialien oder beispielsweise ein kostbares Marmorband handelt: Es dürfen keine rechten oder sogar spitzen Winkel auf dem Boden entstehen, die auf den Kunden zielen könnten. Hieraus folgt auch, dass Fliesen nicht rhombenförmig, sondern geradlinig zur Laufrichtung angelegt werden sollten, es sei denn, die Spitzen werden durch ein kleines Runddekor abgemildert.

Wege ohne Stress dürfen den Kunden auch nicht schutzlos über gähnende Abgründe führen. Kaum jemand benutzt gern Übergänge oder auch Treppen, die einen instabilen, zerbrechlichen oder defekten Eindruck erzeugen, oder deren filigrane oder gläserne Seitenwände anscheinend kaum vor einem Absturz bewahren.

Vertikale Wegeführung

Auch Treppen, Fahrtreppen und Aufzüge sind generell Qi-Beförderer. Treppen verlieren diese fundamentale Funktion allerdings dann, wenn sie offen sind, also keine Setzstufen aufweisen. In diesem Fall fließt das Qi durch die offenen Stufen hindurch, gelangt also nicht nach oben und formt außerdem leicht Qi-Pfeile, die den Bereich unter der Treppe bedrohen. Warenbereiche unter offenen Treppen haben daher niemals eine befriedigende Positionierung. Sie sollten entsprechend zur Treppe hin stets einen Schutz erhalten, beispielsweise durch einen Paravent.

Fahrtreppen haben in Bezug auf den Qi-Fluss eine eigene Problematik. Grundsätzlich sind sie hervorragende Qi-Beförderer, wenn sie sich ständig bewegen. Nachteilig sind unter diesem Gesichtspunkt jedoch gekreuzte Fahrtreppen, da sie großflächige Qi-Turbulenzen, das heißt gegenläufige Qi-Ströme hervorbringen. Dies führt leicht zu einer unruhigen, ja manchmal gereizten Atmosphäre. Aus diesem Grund ist es günstiger, nach oben beziehungsweise nach unten führende Fahrtreppen getrennt voneinander anzulegen. Das kann im Einzelfall Mehrkosten verursachen, aber hier gilt es abzuwägen, wie viel Gewicht darauf gelegt werden soll, eine so aufbauende Atmosphäre wie möglich zu erzielen.

Natürlich ist es architektonisch und funktional sinnvoll, gegenläufige Fahrtreppen in einem zentralen Treppensatz zusammenzufassen. In keinem Fall sollte der Treppensatz aber genau im Zentrum des Gebäudes (bezogen auf Verkaufsräume und Etappen) angelegt werden. Im übertragenen Sinne gilt das Zentrum als Wirbelsäule und Rückenmark des Gebäudeorganismus. Bei einer ständigen Auf- und Abwärtsbewegung in diesem Bereich besteht die Gefahr, dass der Organismus sozusagen seinen festen Halt verliert und in leichtes Schwanken gerät. Hierdurch wird bei sensiblen Menschen in diesem Gebäude der subliminale Eindruck einer unbestimmten, aber durchdringenden Unsicherheit erzeugt.

Treppen und Fahrtreppen sollten nicht dem Ladeneingang gegenüberliegen, aber vom Ladeneingang her sicht-

11 Offene Treppen ohne Setzstufen erzeugen unbewusst Unsicherheit. Vor allem für Senioren entsteht leicht eine subliminale Botschaft von Gefahr, durch die psychische Energie gebunden wird. Glaswände können diesen Eindruck noch verschärfen, da sie meist nicht stabil erscheinen und dadurch irritieren. Hinzu kommt das Entweichen der vitalenergie Qi, die dann im oberen Stockwerk fehlt.

12 Eine sanft geschwungene Treppe mit Setzstufen. Auch die Bodengestaltung weist eine leichte Schwingung auf. Der dadurch erzeugte mäandernde Qi-Strom wird durch die ebenfalls geschwungene Lichtleiste an der Decke verstärkt.

13 Treppen aus Glas sind keine gute Idee. Der beabsichtigte architektonische und ästhetische Reiz ist ungleich geringer einzuschätzen als die Verunsicherung jedes damit konfrontierten Menschen. Die Beobachtung zeigt, dass selbst junge Leute zunächst unsicher stocken, bevor sie hinuntergehen.

14 Viele „Botschaften an das Unbewusste" in der Ladengestaltung sind versteckt, haben aber trotzdem eine starke subliminale Wirkung. So ist die Form dieser Treppe zwar gelungen, aber der rote Teppichläufer ähnelt einem breiten, nach unten fließenden Blutstrom.

15 Fahrtreppen in einer Richtung sind günstig, da sie keine großflächigen Qi-Wirbel erzeugen.

bar sein. Damit erfährt der Kunde, dass sich die Verkaufsfläche in einem oder mehreren weiteren Stockwerken fortsetzt. Sein Sicherheitsbedürfnis verlangt jedoch auch die Gewissheit, dass er leicht wieder zum Ausgang findet. Aus diesem Grund sollte der vom oberen Stockwerk herunterführende Weg am besten ebenfalls im Blickfeld des Kunden liegen und nicht versteckt werden.

Der Gestaltung von Aufzügen wurde lange Zeit wenig Aufmerksamkeit geschenkt. Heute werden zunehmend Glasaufzüge gebaut, sodass vor allem der klaustrophobische Eindruck eines geschlossenen – und in vielen Fällen engen und dämmrigen – Gefängnisses vermieden wird. Allerdings können Glasfahrstühle wiederum neue Ängste hervorrufen, beispielsweise Höhenangst. Bei der Gestaltung sollte daher diesem Punkt entgegengewirkt werden, beispielsweise durch einen Sichtschutz in Hüfthöhe. Generell sollte bei Aufzügen auch auf folgende Merkmale geachtet werden.

Ein häufiger Fehler besteht in einer ungeeigneten Beleuchtung. Diese sollte zwar ausreichend hell sein, darf andererseits aber auf keinen Fall blenden. Die gängige Beleuchtung von der Decke her führt meist zu einem schwächenden „totenkopfartigen" Aussehen. Noch ungünstiger sind Leuchtstoffröhren, die zusätzlich einen kal-

Die Kundenführung

16 Aufzüge befördern das Qi. Wegeführung und Deckenbeleuchtung ziehen einen Qi-Strom zum Fahrstuhl. Auf der nach hinten führenden Achse entsteht allerdings ein Qi-Pfeil, der durch Unterbrechungen beseitigt werden sollte.

ten „Bahnhofseffekt" erzeugen. Schlecht sind auch Spots ohne geeignete Abschirmung, weil sie das auf dem Kopf befindliche Kronenchakra darunter stehender Personen mit einem scharfen Lichtstrahl angreifen (siehe auch S. 117). Optimal wären demgegenüber eine gut gestaltete, ausreichend helle indirekte Beleuchtung oder nicht blendende Beleuchtungskörper hinter transluzentem Glas.

Ein weiterer Fehler bei der Gestaltung von Aufzügen besteht in einer zu weit gehenden Verspiegelung der Innenflächen. Spiegel können einseitig angebracht werden. Einander gegenüberliegende Spiegel wirken dagegen als Qi-Reflektoren. Sie werfen Qi-Pfeile hin und her und erzeugen eine unruhige Atmosphäre.

Ein enger Aufzug bringt es mit sich, dass sich viele Menschen in ihrem Territorium verletzt fühlen. Dies führt zu unterschwelliger Angst, Unsicherheit oder sogar Gereiztheit beziehungsweise Aggression. Damit Kunden diesen Eindruck nicht mit in den Verkaufsraum nehmen, sollten sie während der Fahrt abgelenkt werden. Eine großflächige, heiter stimmende Dekoration vermag diese Aufgabe eher zu erfüllen als nüchterne Hinweisschilder zu den Warenangeboten einzelner Stockwerke. Diese werden am besten wenigstens durch zusätzliche Informationsbilder oder Piktogramme aufgelockert. Und warum sollten Sie nicht zu der beliebten alten Tradition zurückkehren, dass ein Fahrstuhl auch einen Liftboy (oder -girl) hat? Eine aufgeweckte, Optimismus und Zuversicht ausstrahlende Person würde manche Anspannung der Kunden auffangen und neutralisieren. Sofern Sie eine geeignete Person finden, könnte dies durchaus eine verkaufsfördernde Investition sein.

Wesentlich ist es außerdem, den Kunden das Warten vor dem Aufzug zu verkürzen, weil eine zu lange Wartezeit das Kauferlebnis in ein Kaufärgernis wandeln kann (siehe auch Seite 131). Ein entsprechendes Informationsangebot kann geschickt mit interessanter Werbung verknüpft werden.

Die Orientierung

Vom raumpsychologischen Blickpunkt aus gesehen liegen die Herausforderungen der Orientierung zunächst darin, dass der Käufer weder überlastet noch allein gelassen werden darf. Beides erzeugt Unsicherheit, die psychische Energie beansprucht. Hinzu kommt die schwierige Entscheidung, wie viel Orientierung der Kunde durch Hinweisschilder benötigt, wie viel dagegen bereits die Gestaltung und Gliederung des Verkaufsraumes mit Durchblicken und Aussichten auf Warenbilder beisteuert. Hinweisschilder mit Piktogrammen oder Abbildungen sind generell besser geeignet als solche mit Beschriftungen, da Bilder die Sprache des Unbewussten sind und schneller erfasst werden. In manchen Fällen können Farbleitsysteme eine Hilfe sein, also die Zuordnung unterschiedlicher Farben zu den verschiedenen Ladenbereichen.

Sowohl bei Farbleitsystemen als auch in Bezug auf Hinweisschilder selbst sollte aber darauf geachtet werden, dass Farbkombinationen nicht einen Konflikt der „Fünf Elemente" hervorrufen. Beispielsweise werden Blau und Rot oder Gelb und Grün besser nicht nebeneinander gesetzt. Dies gilt auch, wenn mehrere Hinweisschilder in unmittelbarer Nähe angebracht sind, und desto mehr, je größer diese sind.

Hinweisschilder dürfen nicht den Qi-Strom blockieren, sondern sollten ihn möglichst günstig lenken. Dieser Punkt muss aber in Einklang gebracht werden mit einer weiteren Forderung: der Suche nach genau dem Ort, an dem ein Kunde einen Hinweis braucht, sich außerdem in der Position befindet, ihn überhaupt zu sehen und darüber hinaus genügend Zeit hat, ihn wahrzunehmen. Beachten Sie auch, dass sich bei Hinweisschildern leicht eine negative Symbolik einschleichen kann (Beispiel S. 24, Abb. 5). Auch unvollständige oder schlecht reproduzierte Abbildungen von Waren oder die Abbildung „verzerrter oder verstümmelter", durch das Layout angeschnittener Menschen schwächen den Betrachter. Wohl jeder Käufer erinnert sich an das Ärgernis, an einer Ware Informationen gesucht und

17 Eine ausreichende Information des Kunden in allen Ladenbereichen ist essenziell. Der Kunde sollte aber nicht gezwungen werden, die Augen zusammenzukneifen. Weniger Informationen sind mehr, und Kleingedrucktes vermag niemanden zu begeistern. Eine gute Idee ist es, Orientierung zusätzlich oder vorwiegend durch Abbildungen oder Piktogramme zu schaffen. Bilder werden weit schneller begriffen als Worte, denn sie sind die Sprache des Unbewussten.

nicht gefunden zu haben. Dies können Preisauszeichnungen, Größen- oder Pflegeangaben, Gebrauchshinweise oder Inhaltsstoffe sein. Häufig sind Informationen auch zu klein gedruckt, um Platz zu sparen, oder schlicht unverständlich.

Immer größere Aufmerksamkeit muss auch auf seniorengerechte Orientierung gerichtet werden, das heißt auf die visuellen Anforderungen älterer Menschen. Dazu sollten die Schriften generell größer sein, mehr Licht muss zur Verfügung stehen, und die Farbgebung sollte ebenfalls der schwächeren Farbempfindlichkeit von Senioren angepasst werden.[2] Daraus ergibt sich allerdings für die 20- bis 30-jährigen Designer unserer High-Tech-Welt die Notwendigkeit, genügend Einfühlungsvermögen in derartige Bedürfnisse aufzubringen.[3]

Eine „sanfte" Kundenorientierung berücksichtigt die Vorteile von Bildzeichen und Produktfotos, setzt eher auf Farbdifferenzierungen, leitende Warenbilder und Erlebnisbühnen sowie flexible Beleuchtungskonzepte.[4] Interessant ist die Beobachtung, dass auch auf diese Weise – sozusagen durch die Hintertür – Yin-Akzente Eingang in die Ladengestaltung finden.

Zur Orientierung können im Übrigen außer visuellen Hinweisen auch akustische Signale sowie Geruchshinweise beitragen. Hierbei sollte jedoch das Aufnahmevermögen der Kunden und Mitarbeiter nicht über Gebühr strapaziert werden!

Exkurs: Einkaufszentren

Einkaufszentren sind Orte des Flanierens. „Entscheidend ist nicht, was angeboten wird, sondern ob der Konsument dazu gebracht wird, zu flanieren."[5] Dies klappt aber nicht immer. Einkaufszentren unterliegen ähnlichen Gesetzmäßigkeiten wie Einzelläden, und unbewusst wirkende Impulse können auch hier das Kaufverhalten nachhaltig stören. Ein ungenügender Qi-Fluss führt zu Kälte und Farblosigkeit: keine Wohlfühlatmosphäre. „Angreifende Ecken und Kanten" oder Qi-Pfeile auf geraden langen Achsen ver-

18

18 Übersicht auf einen Blick. Die beleuchteten Autorenfotos dienen als Wegweiser. Ihre Köpfe sind zwar angeschnitten. Ein schwächender Eindruck wird aber vermieden, da die Autoren durch ein Fenster zu blicken scheinen.

mitteln die Botschaften „Gefahr" oder „Aggression": Die Kunden flanieren keineswegs, sondern sie werden vertrieben.

Problematisch sind Einkaufspassagen zwischen zwei Straßen. Gleicht ihre Verbindung durch die Passage einer „Qi-Autobahn", so ist die Zahl der Passanten – nicht der Kunden! – überdurchschnittlich hoch. Vor allem bei strömendem Regen ist eine solche Verbindung gesucht. Kaum jemand denkt dann aber ans Flanieren. Und noch etwas kommt hinzu: Läden an einer geraden, freien Achse, durch die ein Qi-Strom rauscht, erhalten wenig Energie. Der schnelle Qi-Strom zieht mehr Energie hinter sich her, und entsprechend wenig Energie fließt in die Läden rechts und links.

Anders Wege, die in der Mitte – oder gegebenenfalls auch versetzt an den Seiten – eine geeignete Unterbrechung aufweisen. Am besten handelt es sich dabei um eine „Qi-Insel" (siehe S. 112): eine kleine Ruhezone, ein Info-Stand, um den sich Menschen sammeln, oder auch ein Verkaufsstand, der harmonisch abgerundet den Strom der Kunden teilt. Hierauf kommt es an: Kunden werden gezwungen, neben der Qi-Insel vorbeizugehen; fast zwangsläufig ähnelt ihre Bahn dem nach rechts und links schwingenden Kielwasser eines schlecht gesteuerten Schiffes. Manche besuchen die Qi-Insel, ruhen sich dort aus, informieren sich, kaufen etwas, und erhöhen damit die Energie der Qi-Insel.

Als ungünstig werden einander genau gegenüberliegende Ladeneingänge betrachtet, sofern die vorbeiführende Achse nicht so breit ist, dass zwei unabhängige Kundenströme rechts und links entstehen mit einer großzügigen Mittelzone, in der sich Qi-Inseln befinden. Ist der Abstand zwischen gegenüberliegenden Ladentüren zu gering, so ergibt sich eine Qi-Teilung. Die Frage, welcher Laden den größeren Teil der Vitalenergie an sich ziehen kann, wird meist durch die Frage entschieden, welche Eingangsgestaltung attraktiver und großzügiger ist.

Die Kundenführung

19 Ruhe-Oasen mit sanft geschwungener Form, Pflanzen und leicht sprudelndem Wasser bilden eine optimale Qi-Insel. Sie locken Menschen an, deren Verweilen wiederum Energie heranzieht.

Waren präsentieren und verkaufen

Die Warenaufmachung versucht den Kunden von der absoluten Notwendigkeit des Kaufs zu überzeugen. Früher dominierten dabei rationale Überlegungen in Bezug auf Ökonomie und Ergonomie. Typische Vertreter dieses Weges waren Supermärkte und Kaufhäuser mit undifferenzierter Beleuchtung, einheitlicher Gliederung und der größtmöglichen Sortimentsbreite und -tiefe. Dann wurden in zunehmendem Maße die Kundenerwartungen im Hinblick auf das Preis-Leistungs-Verhältnis und die Servicequalität berücksichtigt und gleichzeitig neue ästhetische Wege der Präsentation beschritten. Designer-Läden oder „Look-at-me"-Läden mit teilweise betont puristischer Einrichtung entstanden. Schließlich rückte das emotionale Erlebnis, der Laden als Inszenierung, immer stärker in den Vordergrund. Heutzutage wird die Ware immer geschickter präsentiert. Die Frage ist: Wird sie dem Kunden auch „in Herz und Hände gelegt"?

Was heißt „in Herz und Hände legen"? Das wichtigste Stichwort ist hierbei die „Liebe zum Objekt" und die „Liebe zum Kunden". Ein geeigneter tiefenpsychologischer Terminus dafür lautet *Eros*. Missverstehen Sie dies bitte nicht! Dieser Begriff hat in unserem Zusammenhang nichts mit Erotik zu tun, sondern er bedeutet liebevolle, schöpferische Bezogenheit. Er beschreibt die Aufmerksamkeit, die der Händler seinen Produkten *und* den Kunden entgegenbringt, seine emotionale Verbundenheit und die Wertschätzung des Gegenübers. Eine solche Bezogenheit zu lernen ist schwierig. Im Grunde hat man sie oder eben nicht. Manche Besitzer meist kleinerer Fachgeschäfte verfügen ganz selbstverständlich darüber: Schon ihr Verhalten macht die Liebe zu ihren Waren deutlich, und mit dieser Einstellung haben sie gleichzeitig die bestmögliche Verbindung zu ihren Kunden. Eine Voraussetzung dafür ist die,

1 Qi-Auffrischungen als Warenbilder setzen der Kreativität kaum Grenzen. Auch hier steuern Licht (der Kerzenleuchter) und Natur (die Rose auf der Bettwäsche) die notwendigen Symbole des Lebens bei.

Gefühle zulassen zu können, und dazu bedarf es wiederum zunächst der Kommunikation mit den eigenen Gefühlen. Auch einfühlsame Ladengestalter integrieren den Eros in ihre Tätigkeit.

Die Warenpräsentation unter Hinzunahme des Eros zeigt sich in liebevollen Details, in einem ästhetischen Sinn für Balancen, in einem Hineindenken und Hineinspüren in Zusammenhänge jenseits von Gegenständen und quantifizierbaren Fakten. Die von uns aufgezeigten Gesetzmäßigkeiten der Raumpsychologie können hierbei eine hervorragende Hilfestellung geben.

Ware dem Kunden „ans Herz legen"

Kunden die Ware „ans Herz zu legen" bedeutet also, nicht nur Warenbilder, sondern die Ware selbst in eine positive Atmosphäre zu kleiden. Es schließt ein, auf die vielen und oftmals kleinen Einzelheiten zu achten, die wir bereits oben beschrieben haben.

Es bedeutet aber auch, den Kunden bei seinem Kauf nicht unbeabsichtigt zu stören. Beispielsweise zählt es zu den vorherrschenden Bedürfnissen des Menschen, Dinge in ihrer Stofflichkeit zu ertasten. Die sinnliche Erkundung der Ware, das haptische Erlebnis ist ein wichtiger Abschnitt des Kaufvorganges.[1] Ein wesentliches Hindernis in diesem Zusammenhang schildert Paco Underhill: den „Po-Streif-Effekt". Er beobachtete, dass die meisten Kunden, die während des Kaufvorganges unabsichtlich von hinten durch fremde Menschen berührt werden, den Kauf abbrechen.[2] Ursache hierfür sind meist zu enge Verkaufsachsen, aber auch eine zu gedrängte Warenpositionierung.

Stellen Sie sich also bitte nicht nur die Fragen, wie der Kunde die Ware optisch zur Kenntnis nimmt, wie er sie ungezwungen und bequem betrachten und „begreifen" kann, sondern gestalten Sie auch den Raum, den der Kunde um sich herum braucht, um sich beim Kauf wohl zu fühlen.

Über die schwierige Abstimmung zwischen dem Platzbedarf des Kunden und den Anforderungen des Sorti-

2

2 Eine Warenaufmachung ist nur dann wirklich gelungen, wenn sie die „Liebe zum Objekt" zeigt.

3

3   Halbrunde Regale schaffen eine Atmosphäre der Geborgenheit, ohne einzuengen. Um diesen Vorteil nicht zu vergeuden, sollte darauf geachtet werden, sichtbare großflächige Kanten abzurunden oder abzuschrägen.

4   Geradlinig angeordnete Warenständer mögen das Auge von Ordnungsfanatikern erfreuen. Sie wirken jedoch eher monoton und unterstützen weniger den Qi-Fluss als Warenständer, die in einer geschwungenen Linie leicht versetzt sind.

4

5

durch das Entstehen von Qi-Pfeilen auf geraden Verkaufsachsen oft verstärkt wird. Die geradlinige Aufstellung macht zwar einen ordentlichen Eindruck, wirkt aber leicht spannungslos. Zumindest sollten die Höhen wellenförmig gestaffelt sein, auch hierdurch kann der Qi-Fluss optimiert werden.

Auch bei der Gestaltung von Kojen an den Wänden sollte darauf geachtet werden, dass die in den Raum hineinragenden Kanten abgerundet oder abgeschrägt werden, um keine „angreifenden Pfeile" entstehen zu lassen. Kojen mit geraden oder halbrunden Regalen schaffen Innenräume, die Geborgenheit und Sicherheit vermitteln. Diese Eindrücke dürfen aber nicht im Kontrast stehen zu Qi-Pfeilen oder psychisch schwächenden Faktoren, wie beispielsweise blendende Beleuchtung oder unsympathisch erscheinende Dekoration.

Ständersysteme für den Mittelraum sowie Stecksysteme für Seiten- und Rückwände sollten ebenfalls abgerundet sein. Kantige Stahlteile und herausragende Stäbe können leicht den bedrohlichen Eindruck scharfer Speere erzeugen. Hierauf ist auch zu achten, wenn Dekorationsständer nicht vollständig gefüllt sind.

Ein weiteres wichtiges Thema betrifft die Kombination von Formen und Farben nach dem System der *Fünf Elemente*. In manchen Läden ergibt sich „zufällig" durch Ware, Einrichtung, Wand-, Boden- und Deckengestaltung eine harmonische Interaktion. Die Erfahrung zeigt, dass die Wohlfühlatmosphäre dadurch gestärkt wird. Es ist interessant zu beobachten – und entspricht durchaus dem fernöstlichen Leitgedanken „Was beliebt zusammenzutreffen?" –, dass zu einer extravagant-bizarren Warenaufmachung

ments hinaus sollten die folgenden Empfehlungen in die aufbauende Warenpräsentation einfließen.

Warenständer und -tische mit geschwungenen Strukturen vermeiden nicht nur „blaue Flecken", sondern fördern auch den Qi-Strom. Die Vitalenergie wird durch sie in eine sanft fließende, leicht mäandernde Form gebracht, die dem Energiefluss in der freien Natur ähnelt. Kantige, harte Strukturen lassen den Qi-Strom dagegen eher zerrissen, abgeschnitten und stoßweise fließen. Auch frei im Raum stehende Einrichtungsobjekte wie Konfektionsständer, Podeste und Gondeln sollten insbesondere an strategisch wichtigen Positionen, wie im Eingangsbereich und an der Kasse, eine abgerundete Form haben. Vermeiden Sie eine monotone Anordnung „in Reih und Glied", da hier-

5 Die konsequent bis ins Detail abgerundete Einrichtung lässt keine Kanten mit angreifenden Qi-Pfeilen entstehen. Die Energie kann sanft durch den Verkaufsraum strömen.

6 Elliptische Warentische bringen die Vitalenergie im Laden zum Fließen.

Waren präsentieren und verkaufen

7

8

7 Ware, Einrichtung, Wand- und Bodengestaltung ergeben eine harmonische Folge der Elemente Metall (Warenständer und Rundbogen), Erde (Farbe von Mauer und Boden) sowie Feuer (rote Ware).

8 Die „Fünf Elemente" sind überall vertreten – hier in einer energetischen Harmonie von Holz und Feuer.

häufig noch großflächige Elementekonflikte hinzutreten. Beides schafft eine unruhige, wenig einladende Atmosphäre.

In manchen Fällen lassen sich großflächige Konflikte nicht vermeiden – sei es, dass bei einer bereits vorhandenen Ladengestaltung nicht darauf geachtet wurde, oder weil zwingende funktionale, ästhetische oder ökonomische Gründe vorliegen. In solchen Situationen kann dennoch die unerwünschte Spannung in der Luft vermieden oder wenigstens vermindert werden, wenn geschickt Akzente der „Brückenelemente" zur Harmonisierung eingesetzt werden.

Die Spannung von Elementekonflikten kann zur Belebung „toter" Ladenbereiche durchaus erwünscht sein.

9   Energetisch harmonische Kombination der Elemente Erde (die Farbe Gelb) und Metall (die Farbe Grau). Die Harmonie der *Fünf Elemente* bei der Warenaufmachung ist ein wesentlicher Mosaikstein der „Wohlfühlatmosphäre"!

10   Die von dem Element Metall beherrschte Warenaufmachung eignet sich hervorragend, um als „Brückenelement" eine Spannung zwischen den Elementen Wasser (Boden) und Erde (Wandpaneel) aufzulösen.

11 Der beabsichtigte Konflikt der Elemente Wasser (Wellenlinie) und Feuer (die Farbe Rot) gestaltet eine spannende Warenpräsentation, die zum „Hingucker" wird.

Im übertragenen Sinne wirkt sie dann wie ein Aufmerksamkeitsmagnet. Der Elementekonflikt muss jedoch sehr bewusst gesetzt werden und darf sich nicht großflächig über ganze Ladenflächen erstrecken.

Achten Sie bei der Warenpräsentation auch immer auf kontrastierende doppelte Botschaften, und darauf, ob sie versehentlich einen Eindruck von „Gefahr für Leib und Leben" erzeugen oder negativ geprägte Archetypen berühren und aktivieren.

Bei Kundengesprächen sollten sich Käufer und Verkäufer nicht direkt gegenüber, sondern im 90°-Winkel zueinander sitzen. Eine gute Positionierung des Beratungstisches ermöglicht beiden einen kontrollierenden, Sicherheit schaffenden Blick in den Raum. Das Gegenargument, hierdurch würde der Kunde abgelenkt, hat gegenüber besserer Entscheidungsfreude geringeres Gewicht.

Keinesfalls darf sich der Beratungstisch am Ende einer langen Verkaufsachse befinden. Sie wissen inzwischen sicher schon, warum. Geht es nicht anders, dann sollten unbedingt ein „Puffer" aus Grünpflanzen oder ein Paravent den angreifenden „Qi-Pfeil" auffangen.

Vorsicht auch bei rechteckigen Beratungstischen! Gehen Sie beziehungsweise der Kunde schräg auf ihn zu, so werden Sie von der Tischkante mit einem Qi-Pfeil und einer unbewusst aggressiv wirkenden Spitze bedroht. Daher sollten zumindest die auf Zuwege gerichteten Tischseiten abgerundet oder abgeschrägt sein. Im anderen Fall sollte der Beratungstisch etwas gedreht werden.

Auch Verkaufstresen können unterschiedliche unbewusste Botschaften vermitteln. Ausschlaggebend ist dafür vor allem ihre Form. Optimal ist eine Struktur, die vom Kunden aus gesehen konkav ist, sich also zu ihm hin öffnet. Im übertragenen Sinne gleicht diese Form der typischen Willkommensgeste: dem Anblick eines Freundes, der mit geöffneten Armen vor Ihnen steht. Umgekehrt ist die Wirkung bei Tresen, die vom Kunden aus gesehen konvex geformt sind. Eine solche Form symbolisiert die verschränkten Arme von Menschen, die entweder insgeheim

12   Die Elemente Holz (die Farbe Grün) und Feuer (die Farbe Rot) sind in Harmonie. Das Plakat fügt einen beabsichtigten Konflikt mit den Elementen Feuer und Wasser hinzu, welcher an dieser Stelle einen Aufmerksamkeitsmagneten setzt.

13   Regenbogen-Anordnungen wirken fröhlich und aufbauend. Die bestehende Spannung des Elementekonfliktes Erde – Holz (Farben Gelb und Grün) wird psychologisch durch die Anziehungskraft ausgeglichen, die der Regenbogen als seltenes und faszinierendes Naturphänomen besitzt.

12

13

Angst haben oder eine kritisch-abwartende Haltung einnehmen. Verschränkte Arme schützen die Brust und verhindern gleichzeitig, dass Gefühle offenbart werden: Das Herz bleibt verschlossen.

Konvexe Tresen können außerdem im übertragenen Sinn die Form einer Wagenburg suggerieren. Der Kunde wird damit unbewusst als Feind oder zumindest als Unsicherheitsfaktor für das Verkaufspersonal hingestellt. Verständlich, dass eine derartige Kennzeichnung nicht förderlich auf die Servicequalität einwirkt! Die im Verkauf tätigen Personen könnten eher mit einer unangebrachten Distanzierung auf herankommende Kunden reagieren: „Vorsicht, hier naht ein Kunde!"

Vermeiden Sie außerdem dünne, scharfe Ablageflächen für Taschen oder Einkaufstüten, die wie „Messer" in Beine, Unterleib oder Brust davor stehender Menschen schneiden. Weit besser sind etwas breitere und abgerundete Ablagen.

14 Sind Rundungen nicht möglich oder erwünscht, so können auch abgeschrägte Strukturen gewählt werden.

15 Beratungstische mit runder oder elliptischer Form ermöglichen harmonische Kundengespräche. Unbewusst wird hier eher Freundschaft und Verbundenheit signalisiert als bei der herkömmlichen Beratungssituation, bei der Kunde und Berater einander gegenüber sitzen und diametral entgegengesetzte Blickrichtung haben.

16, 17 Vergleichen Sie selbst die Wirkung dieser beiden Verkaufstresen. In der Abbildung 17 wird der abweisende Eindruck zudem durch die quer angebrachten Lichtleisten verstärkt.

16

17

Warenbilder

Die bisher besprochenen „Umsatzbremsen" wirken umso gravierender, je sichtbarer sie sind. Doppelte Vorsicht ist daher bei der Gestaltung von Warenbildern geboten, die vermehrt Aufmerksamkeit auf sich ziehen. Das Gleiche gilt für Gondelköpfe, Säulenverkleidungen und Erlebnisbühnen.

Gerade Gondelköpfe eignen sich aufgrund ihrer exponierten Stellung hervorragend für die Positionierung kleiner Warenbilder. Allerdings sollten auch dabei raumpsychologische Empfehlungen berücksichtigt werden. Günstig sind abgerundete Gondelköpfe, da sich im anderen Fall „angreifende Qi-Pfeile" schwer vermeiden lassen. Solche runden Formen, die jetzt vermehrt Eingang in die Ladengestaltung finden, bringen stets auch einen kleinen Yin-Akzent.

Zentrale Bestandteile der Warenpräsentation sind oft Dekorationsfiguren – ein „heißes" Thema! Dekorationsfiguren werden unbewusst als visuelles Bild eines Menschen wahrgenommen, nicht als Puppe.[3] Dieser „Menschenkörper" wirkt auf den Betrachter grundsätzlich psychisch aufbauend, wenn er dem natürlichen Erscheinungsbild wirklicher Menschen entspricht. Ist er dagegen verletzt oder verstümmelt, fehlen ihm wichtige Körperteile, oder erscheint er verformt oder degeneriert, so reagieren Kunden (und ebenso Verkäufer!) unbewusst mit Mitleid, Schrecken oder Angst. Diese Reaktion entspricht – in abgeschwächter Form – Ihrem Verhalten, wenn Sie bei einem Unfall plötzlich mit grausam verletzten Menschen konfrontiert werden.

Dekorationsfiguren, denen der Kopf fehlt, Torsos ohne Kopf, Arme und Beine oder einzelne „abgeschnittene" Körperteile wie Nasen, Beine, Füße wirken in der Warenpräsentation daher als grobe Störfaktoren. Sie sollten konsequent vermieden werden. Dies gilt besonders auch im Dessous-Bereich. Unbewusst ist es keiner Frau gleichgültig, wenn ihrem Abbild der Kopf (Denkfähigkeit) weggenommen, die Arme (Handlungsfähigkeit) amputiert, die Beine (Standpunkt) abgeschnitten werden, sodass ledig-

18 Abgerundete Gondelköpfe eignen sich gut für interessante Werbeabbildungen, die sich beim Vorbeigehen dem Blick sozusagen entgegenwölben.

Waren präsentieren und verkaufen

19 Männer mit abgeschnittenen Köpfen, die ihre Arme abweisend verschränken, tragen Hemden, die der Kunde bereitwillig kaufen soll. Im Unbewussten entsteht ein Gegenimpuls.

lich primäre Geschlechtsmerkmale übrig bleiben. Der erotische Aspekt der Unterwäsche wird dadurch eher karikiert (siehe auch Abb. 3, S. 21).

Die Gegenargumente zur Empfehlung, ausschließlich „ganze" Dekorationspuppen einzusetzen, fallen nach unserer Ansicht erheblich weniger ins Gewicht. Sie beziehen sich häufig auf das Argument, dass Puppen mit Köpfen teurer sind, und auf die Beobachtung, dass sich Mode und damit auch Frisuren schnell verändern und die Mannequinköpfe dann veraltet aussehen. „Also, deshalb weg mit dem Kopf!" lautet die Devise. Es kursiert ferner die Annahme, dass sich Kunden nicht mit idealisierten Dekorationsfiguren identifizieren, sondern sogar neidisch sein könnten und deshalb die gezeigten Waren nicht kaufen würden. In der Diskussion stehen sich meist quantifizierbare Fakten und unsichtbare, aber für sensible Menschen durchaus entscheidende Faktoren gegenüber.

Aussagekräftiger sind für uns in diesem Zusammenhang jedenfalls die unverfälschten Kommentare von Kindern, die beim Betrachten der kopflosen Schaufensterpuppen entsetzt zu ihrer Mutter sagen: „Mami, die Frau hat gar keinen Kopf. Das muss aber weh tun!" Bestätigt wurden wir auch durch die überwiegende Zustimmung unserer Seminarteilnehmer, die spontan sagten: „Schaufensterpuppen ohne Köpfe habe ich eigentlich nie gewollt, aber alle anderen machen es so ..."

Es gibt aber auch Ausnahmen. Wenn vor Ihnen jemand hinter einem Tisch sitzt, nehmen Sie natürlich nicht an, dass ihm die Beine fehlen, sie sind nur verdeckt. Auch unvollständige Dekorationsfiguren können daher so positioniert werden, dass der Eindruck entsteht, fehlende Körperteile seien lediglich verborgen. Je stärker stilisiert und weniger „menschenähnlich" Warenstützen außerdem sind, desto geringer ist der psychisch schwächende Eindruck. Aus diesem Grund sind Schneiderbüsten keine Störfaktoren. Bestimmte moderne Dekorationsfiguren mit einem normal geformten Körper und deformiertem, entstelltem oder debil aussehendem Kopf ähneln dagegen kranken Menschen, deren Anblick den Kunden unbewusst zum „Mitleiden" veranlasst.

20, 21   Mut zur Ganzheit: unverstümmelte Dekorationsfiguren, die die Ware ohne abschreckende Wirkung auf das Unbewusste des Kunden zur Geltung bringen.

22   Das Warenbild mit „ganzer" Dekorationsfigur lockert die übrige Warenpräsentation auf. Der Stuhl zeigt die harmonische Elementenfolge Wasser (Farbe Blau) und Metall (die Stuhlbeine). Vorsicht: Die spitz zulaufende, angreifende Kante des Dekorationselementes rechts sollte nicht direkt auf einen Kundenleitweg zeigen.

Waren präsentieren und verkaufen

Dekorationen

Auf Abbildungen von Menschen können Köpfe und Körper unter bestimmten Bedingungen angeschnitten werden. Entscheidend ist wiederum der Eindruck, dass fehlende Körperteile zwar nicht sichtbar, aber dennoch vorhanden sind. Dies ist beispielsweise dann der Fall, wenn ein auf dem Foto erscheinender Kopf teilweise von einer Wandstruktur verborgen ist oder durch einen Wandzwischenraum hindurchzublicken scheint. Derartige Abbildungen sind daher in den meisten Fällen nur sinnvoll, wenn sich das Warenbild an einer Seiten- oder Rückwand befindet.

Alle Dekorationsobjekte sollten im weitesten Sinn positiv und sympathietragend sein. Vermeiden Sie Nachbildungen moderner Kunstwerke (oder Originale), wenn diese hässlich, aggressiv, entwürdigend oder entstellt erscheinen (siehe auch Anm. 1, S. 168, Der erste Eindruck). Und vermeiden Sie Dekorationsobjekte mit scharfen Kanten, die als Angriff in die Laufrichtung der Kunden auf Verkehrswegen hineinbrechen. Achten Sie auf das Zusammenspiel der *Fünf Elemente:* Sowohl stärkend wirkende Harmonien als auch schwächende Konflikte können sich, wie Sie wissen, nicht nur aus der Interaktion zweier Farben, sondern auch aus Farbe und Form ergeben.

Bei der Gestaltung der Schaufenster, den „Augen" Ihres Geschäftes (siehe S. 104), gelten ähnliche Empfehlungen wie in Bezug auf Warenbilder und Dekorationen.

23   Für das Tagesbewusstsein des Kunden ein Gag, für das Unbewusste die verunsichernde, Leid und Gefahr signalisierende Verunstaltung eines Menschen. Überraschung am Anfang, aber keine aufbauende Werbung für die Kleidung.

Waren präsentieren und verkaufen

24

24 Diese menschlichen Teilansichten wirken nicht verstümmelt. Für den visuellen und unbewussten subliminalen Eindruck handelt es sich um Menschen, die durch Wandzwischenräume blicken.

25 Selbst als Dekorationsobjekt aus Plastik sind Kakteen ungeeignet. Das Unbewusste verknüpft diesen Anblick in Sekundenbruchteilen mit der jedem Menschen bekannten Erfahrung, dass Dornen und Stacheln schmerzhafte Verletzungen verursachen können.

25

Schaufenster

Besonders in Schaufenstern haben Dekorationsfiguren ohne Kopf einen unbewusst schwächenden, herabziehenden Effekt. Vergleichen Sie einmal Ihre eigenen Gefühle beim Blick auf zwei nebeneinander liegende Schaufenster, von denen eines mit kopflosen Puppen, das andere dagegen mit „ganzen" Mannequins bestückt wurde!

Aber auch das Yin-Yang-Verhältnis sollte bei der Schaufenstergestaltung beachtet werden (siehe auch S. 37). In Schaufenstern mit Yang-Betonung (viele geradlinige Strukturen, helle Ausleuchtung, knallige Farben, Bewegung) sollte bewusst ein Yin-Faktor integriert werden (Pflanze, Schattenspiel, eine fließende und geschwungene Form) und umgekehrt. Auch Farben, die Yin (eher zarte, kühle oder dunklere Farbtöne) oder Yang (knallige, warme Farben) symbolisieren, können zum Ausgleich beitragen. Dieser Akzent kann ebenfalls durch Podeste oder andere Strukturen in einer bestimmten Farbe hinzugefügt werden. Dabei muss keine 50:50-Relation bestehen, es geht lediglich um ein gut sichtbares Gegengewicht.

Symbole des Lebens, wie Pflanzen, Blumen, Bewegung, Licht, Wasser, lenken die Aufmerksamkeit des Kunden verstärkt zum Schaufenster hin. Denken Sie an die anziehende Wirkung der sich bewegenden Märchen-Warenbilder, mit denen viele Warenhäuser ihre Schaufenster in der Weihnachtszeit gestalten. Auch Erwachsene bleiben überdurchschnittlich häufig davor stehen. Bewegung fasziniert, weil Schaufenster sonst statisch sind.

Durchsichtfenster tragen die Aufmerksamkeit des Kunden nach innen. Vorteilhaft kann aber auch der Blick nach außen sein, wenn die visuellen Eindrücke des äußeren Lebensraumes attraktiv sind und in den Laden hereingeholt werden. Dies gilt besonders für jahreszeitliche Merkmale. Die dekorative Wiederholung eines anregenden Außenfaktors im Verkaufsraum kann das Wohlgefühl des Kunden steigern, indem es ihm Sicherheit signalisiert. Bei Durchsichtfenstern muss jedoch sorgfältig darauf geachtet werden, dass die Beleuchtung nicht zu

26 Schaufensterdekoration in der harmonischen Elementenfolge Holz (Farbe Grün), Feuer (Orange und Rot) sowie Erde (der beige Untergrund).

27, 28 Vergleichen Sie selbst den Eindruck, den die Dekorationsfiguren in diesen beiden Schaufenstern auf Sie machen.

27

28

29 Ein Durchsichtfenster mit visueller Einbeziehung eines jahreszeitlichen Events: Ostern.

30 Der Ausblick über die Ware hinweg nach draußen holt die Außenwelt in den Verkaufsraum. Außenfaktoren – wie beispielsweise Jahreszeiten – können sich auch im Laden wiederholen und nachempfunden werden.

31 Statische Dekorationsfiguren (Yin) mit einem Yang-Ausgleich durch furiose Lichteffekte.

32 Diese Dekoration spielt mit Schatten und Licht, Yin- und Yang-Anteilen. Das starke Übergewicht des Elementes Metall (Farbe Grau) wird zum Teil durch wellenförmige Lichteffekte (Element Wasser) und die Hinzunahme einer blühenden Pflanze (Element Holz) ausgeglichen.

31

32

einer Blendung im Innenraum führt und den positiven Effekt dadurch wieder zunichte macht (vgl. S. 59).

Verunsichert werden Betrachter durch schlecht entspiegeltes Glas, Blendung sowie Unübersichtlichkeit. Im Prinzip sollten Schaufenster nur jeweils eine Botschaft haben, ein herausragendes Warenbild zeigen und dabei deutlich machen, welche Vorteile dem Kunden aus dem Kauf entstehen. Eine eher beliebige Anordnung ohne „Leitmotiv" unterstützt den besser gestaltenden Mitbewerber. Dies gilt besonders für Branchen, in die sich kaum jemals Browser verirren.[4]

„Schaufenster sind die Schnittstelle zwischen Angebot und Kunde", sagt Lina Maria Bauer.[5] Gleich ob es sich um Konsumgüter oder Produkte handelt, für die erst noch Bedarf geweckt werden muss – jede Anstrengung, die Aufmerksamkeit des Kunden auf die Schaufensterdekoration zu ziehen, zahlt sich aus. Die Aufwertung der Ware, ihr Hineinstellen in ungewohnte Zusammenhänge, die Verdeutlichung ihres Wertes sind nicht nur direkte Umsatzhilfen. Sofern das Schaufenster keine unnötigen psychisch schwächenden Faktoren aufweist, kann eine überraschende Dekoration als gute Qi-Auffrischung wirken und die Bewusstseinsspannung des Kunden durch ihre Stimulierung seiner Fantasie erhöhen.[6]

Innenhöfe

Auch Innenhöfe können als Schaufenster oder Verkaufsraum dienen, wenn unter freiem Himmel eine attraktive Warenpräsentation gestaltet wird. In den Sommermonaten kann der bisherige Verkaufsraum erweitert und im Winter durch einen geschickt inszenierten Blick nach draußen verschönt werden. Es lohnt sich, gegebenenfalls in die Renovierung eines solchen Bereiches zu investieren. Abgesehen von einer Erweiterung der Verkaufsfläche bieten Innenhöfe unzählige Möglichkeiten für kreative Erlebnisbühnen.

Beispielsweise können sie ein idealer Ort für kurze Informationsvorträge sein, bei denen die Kunden auf besondere Vorzüge der Waren hingewiesen oder auch auf geeignete Weise für einen Moment unterhalten werden. Gelingt es, Kunden zum Verweilen einzuladen, sollte ihr Blick stets auch auf Waren gelenkt werden, die sich besonders für Impulskäufe eignen.

33 Ein Innenhof wird als Verkaufsraum genutzt. Der kleine Elementekonflikt zwischen Zyklam und Orange (Element Feuer), Blau (Wasser) sowie der Bank (Metall) zieht Aufmerksamkeit auf sich.

Waren präsentieren und verkaufen

34

35

36

34, 35 Dieser Durchgang zwischen zwei Verkaufsflächen bietet eine ideale Möglichkeit zur Warenpräsentation im Außenbereich. Farben, Formen, Pflanzen und Wasser lassen sich auf diesem Bühnenraum zu einer effektvollen Inszenierung zusammenfügen.

36 Der kräftige Feuerakzent (orange- und zyklamefarbene Stuhlkissen) steht in Harmonie zum Erde-Element von Mauerwand und Kiesboden und hat eine belebende Wirkung. Die blauen Pantoffeln geben eine Prise Spannung dazu.

Besondere Herausforderungen

Es gibt in jedem Laden besondere Herausforderungen, deren Bewältigung wesentlichen Einfluss auf das Kauferlebnis der Kunden haben kann. Dazu zählen die fast überall vorhandenen „toten Bereiche", die es zu vitalisieren gilt. Aber auch raumpsychologische Fallen und Fehler in Bezug auf Beleuchtung, Strukturen und Materialien gehören dazu.

„Tote Bereiche" beleben

Gut inszenierte Läden haben von vornherein einen wichtigen Vorteil: Sie leben bis in den letzten Winkel hinein. Aber die Mehrzahl der Läden, die wir kennen, weisen irgendwo „tote Bereiche" auf: Ladensektoren, in denen die Energie stagniert oder deren ungünstige energetische Bedingungen nicht ausgeglichen werden. Diese Zonen ziehen deutlich weniger Kunden an.

Hierfür kann es vor allem drei Ursachen geben. Die Gestaltung dieser Bereiche kann zu monoton und einfallslos ausfallen. Oder der Qi-Fluss im Laden ist so gering, dass nicht genügend Vitalenergie in diesen Bereich gelangt. Oder Zeit- oder Richtungsqualitäten bilden in dieser Zone unbewusst wirkende, ungünstige Spannungsfelder. Das Feststellen und Korrigieren des letzten Punktes ist Gegenstand einer professionellen Feng-Shui-Beratung, wobei die Korrektur in der Regel durch bewusst eingesetzte Akzente des jeweiligen „Brückenelementes" nach dem System der „Fünf Elemente" erfolgt. Es kann in diesen Fällen zur Korrektur auch vorteilhaft sein, dass der betreffende Ladenbereich eher ruhig mit einem Akzent der Schwere oder eher bewegt mit Attributen der Leichtigkeit gestaltet wird.

Wenden wir uns den ersten beiden Ursachen zu. Bei beiden besteht die beste Ausgleichsmaßnahme in der

1   Qi-Auffrischungen können sehr einfach sein. Bereits ein Glaskubus mit frischen Orangen und ein großes Werbefoto mit einer Sympathie erzeugenden Aussage erfüllen diese Funktion. Essenziell sind Symbole der Natur oder des Lebens.

2 Pflanzen und Blumen sind hervorragende Qi-Auffrischer. Es gibt kaum eine Branche oder einen Ladenbereich, in dem frische Blumen nicht einen Gewinn für eine lebendige Atmosphäre bedeuten. Die Mühe, die in Kauf und Pflege investiert wird, zahlt sich aus!

3 Der Brunnen mit sprudelnder Wasserfontäne schafft eine „Piazza-Atmosphäre" im Shopping-Center.

Einrichtung einer Qi-Auffrischung. Dabei kann es sich um ein Warenbild, eine Erlebnisbühne, eine Pflanzeninsel oder ein Wasserspiel, frische Blumen oder eine Kombination dieser Elemente handeln. Qi-Auffrischungen sind zugleich Aufmerksamkeitsmagneten. Sie eignen sich besonders gut zur Einrichtung von orientierenden, gut erkennbaren Faszinationspunkten oder „Landmarks". Haben diese größeres Ausmaß, so sprechen wir von „Qi-Inseln".

Pflanzen und Blumen sind wunderbare Qi-Auffrischer, die auch in kleinsten Läden ihre Wirkung entfalten. Bestehen ungünstige Lichtverhältnisse, so können Sie – allerdings mit geringerer Wirkung – auch Seidenblumen oder künstliche Pflanzen einsetzen. Diese sollten in jedem Fall einen gut gepflegten Eindruck machen, und sie müssen daher regelmäßig von Staub gereinigt werden. Trockenblumen sollten nicht verwendet werden, da sie sozusagen mumifizierte Blumen sind und daher als „totes Qi" gelten.

Sofern es räumlich möglich ist, eignen sich Pflanzeninseln und leise sprudelnde Wasserspiele gut zur Kombination mit einer Ruhezone, in der Kunden auf einer Bank oder Stühlen neue Energie sammeln können.

Auch Licht – zum Beispiel in Form von Einzelleuchten (auch Standleuchten oder Deckenfluter), als Lichtsäule oder als hinterleuchtete Fotowand – kann Leben in tote Bereiche bringen.

Qi-Auffrischungen können gut auch branchenverwandte oder sogar branchenfremde Elemente aufweisen. Hier sind der Kreativität kaum Grenzen gesetzt.

Warum sollten Textilien- oder Sportartikelgeschäfte nicht auch Körperpflegeprodukte in einem Warenbild einsetzen (eventuell mit einem kleinen Werbehinweis auf den Nachbarladen, der diese Waren zur Verfügung stellte)? Warum präsentieren Buchhandlungen nicht auch Kleideraccessoires, zum Beispiel eine schicke Handtasche – nach dem Motto: „Das (Taschen-)Buch als ständiger Begleiter!"? Schreibwarenläden könnten eine kleine Wein-Bild-Inszenierung gestalten mit der Frage: „Wann haben

4

5

6

4, 5 Qi-Inseln in einer Passage und im Laden. Kleiner Aufwand, große Wirkung.

6 Qi-Auffrischung in einer unbelebten Ladenecke: eine Dekorationsfigur, Blumen in einer Vase sowie ein Lichtrondell.

7 Eine Dekorationsfigur lehnt sich an eine alte Straßenlaterne. Diese Anordnung bringt nicht nur die Ware gut zur Geltung, sondern auch Leben (Licht) in tote Bereiche des Ladens.

8, 10 Ein großzügiges Wasserspiel im Shopping-Center und sein kleineres Äquivalent im Laden. Die Ergänzung durch frische Pflanzen verstärkt die aufbauende, anziehende Wirkung.

9 Kunden spielerisch einbeziehen – auch hierdurch können tote Bereiche belebt werden.

Besondere Herausforderungen

7

8

9

10

11   Große Werbefotos ziehen die Aufmerksamkeit auf sich – und damit die Qi-Energie. Hinterleuchtete Fotos mit aktiven Sportszenen bringen auf einfachem Weg Dynamik in tote Bereiche.

Sie einem guten Freund zuletzt einen Brief geschrieben?" Warum kooperieren Porzellangeschäfte nicht mit dem Gemüsehändler nebenan?

Denken Sie bei der Wahl von Qi-Auffrischungen auch an Zeitereignisse! Dies gilt nicht nur für gängige Feste wie Weihnachten und Ostern und Gedenktage wie Valentinstag oder Muttertag. Grundsätzlich sind alle Jahreszeiten ein gutes Thema. Hinzu kommen Stadtteilfeste, wichtige Kultur- oder Sportereignisse, der Auftritt der Band mit den Top-Hits des Tages, der Tag des Sparens, der Tag des Kindes etc. Wenn Sie richtig nachdenken, vergeht kaum ein Tag im Jahr, an dem nicht das eine oder andere Thema, das fast allen Ihren Kunden geläufig ist, als Anlass für eine Qi-Auffrischung genommen werden kann!

12   Ein wirksames Warenbild mit nach rechts aufsteigenden ganzen Dekorationsfiguren sowie Licht und einem Foto als Lebenssymbole. Das fröhliche kleine Mädchen scheint hinter einer Wandstruktur hervorzuschauen. Ungerade Zahlen – drei Dekorationsfiguren und Stufen, fünf Einzelleuchten – sorgen für zusätzliche Dynamik.

Besondere Herausforderungen

13, 14   Eine scheinbar unbedeutende Maßnahme mit großer Wirkung: Die Hinzufügung einer Artischocke oder sonnenreifer Tomaten verwandelt die einfache Präsentation des Porzellans in eine kleine Qi-Auffrischung. Artischocke und Tomaten bringen die Natur in den Raum, ihre leuchtende Farbe ist ein weiterer Aufmerksamkeitsmagnet.

13

14

Musik und Düfte

Auch Hintergrundmusik und olfaktorische Reize lassen sich gut zur Belebung des Ladens einsetzen. Leise, unaufdringliche Hintergrundmusik kann in bislang unbelebten Bereichen des Ladens und auch in Anprobekabinen zur willkommenen Auffrischung werden. Die Betonung liegt aber auf „leise", denn abgesehen von Geschäften für Jugendliche, die eine noch weit größere Stresstoleranz als Erwachsene haben und an stark reizbetonte Musik gewöhnt sind, wird zu laute Musik im Allgemeinen als belästigend empfunden.

Bewährt haben sich speziell zusammengestellte Musikbänder, denn das Einstellen eines Lokalsenders, der stündlich Nachrichten und Verkehrsmeldungen bringt, wirkt eher negativ. So kann ein Kunde die Anprobe eines Kleidungsstückes plötzlich unentschlossen beenden, weil die nur am Rande wahrgenommene Nachricht von Kriegsereignissen, Unglücksfällen oder Naturkatastrophen seine Aufmerksamkeit und psychische Energie mit Beschlag belegt hat. Auch Verkehrsnachrichten eignen sich nicht als Untermalung. Sie wirken fast immer herabziehend, weil die meisten Menschen unangenehme Erinnerungen an stundenlange Staus in ihrem psychischen Gepäck mit sich tragen. Zudem steigert die hektische Vortragsweise der Sprecher die Nervosität.

15

15   Je überraschender und ausgefallener ein Warenbild ist, desto besser erfüllt es die Aufgabe der Qi-Auffrischung. Die unauffällige moderne Duftsäule rechts steuert einen olfaktorischen Reiz bei.

Düfte können gut durch speziell auf die Ladenatmosphäre abgestimmte Duftsäulen, aber auch durch natürliche Maßnahmen verbreitet werden. Bereits ein großer Korb oder eine Schale mit frischem Obst verbreitet einen angenehmen Duft, der natürlich zur übrigen Warenpräsentation passen muss.

Wird auf industriell gefertigte Anlagen zurückgegriffen, so muss unbedingt darauf geachtet werden, ausschließlich vollkommen naturreine Duftprodukte zu verwenden. „Naturidentische" Duftstoffe können bei manchen Menschen Atembeschwerden oder Kopfschmerzen hervorrufen – und sind insbesondere dem Verkaufspersonal nicht zumutbar.

Ladenbeleuchtung

Die Beleuchtung zählt zu den schwierigsten Aufgaben der Ladengestaltung, bei der allzu häufig Missgriffe passieren. Der typische Kardinalfehler besteht in der Blendung des Kunden.

In vielen Fällen erfolgt die Blendung durch ungünstig angebrachte oder schlecht ausgerichtete Einzelleuchten (Richtstrahler mit Niedervolt-Halogenleuchten) oder Fluter. Wenn beispielsweise ein Kunde an einem Beratungstisch sitzt oder steht, bei jedem Vorbeugen zum genaueren Ansehen der Ware aber in den Strahl eines Deckenspots gerät, so ist dies ein Kaufhindernis. Hinzu kommt, dass jeder scharfe Lichtstrahl von oben direkt auf den Kopf eines Menschen das „Kronenchakra" angreift. Damit werden Konzentrationsfähigkeit und Intuition vermindert. Bei sensiblen Menschen treten leicht Kopfschmerzen auf.

Psychische Blendung aufgrund zu großer Helligkeit ruft unbestimmte unangenehme Gefühle der Unruhe hervor, physiologische Blendung zwingt aufgrund der Leuchtdichte zum Zukneifen der Augen. Beides kann sowohl durch Direkt- als auch durch Reflexblendung hervorgerufen werden.

Auch in Kassenbereichen, Anprobekabinen sowie Wartezonen – und im Bereich von Qi-Auffrischungen mit Sitzgelegenheiten – dürfen Deckenspots nur mit besonde-

16 Die Beleuchtung ist ein zentraler Bestandteil der Atmosphäre jedes Verkaufsraumes. Technische Fortschritte zwingen zu noch genauerer Planung.

Besondere Herausforderungen

rer Vorsicht verwendet werden. Weniger bedenklich sind „Sternenhimmel" mit geringer Leuchtstärke (bei ausreichend heller Leuchtdichte des Umfeldes). Für Kassenzonen sind Pendelleuchten gut geeignet, wenn deren Gestaltung jede Blendung verhindert.

Eine Gefahr bei Durchsichtfenstern besteht darin, dass die im Schaufensterbereich angebrachten Leuchten in den Laden hineinstrahlen. Dazu kann auch eine neue Aufmachung der Dekoration führen, wenn die ursprüngliche Lichtgestaltung durch Verschiebung von Warenständern oder Paravents verändert wird: Unbemerkt strahlen plötzlich vorher verdeckte Fluter in den Verkaufsraum.

Manche Läden haben zahlreiche, regelmäßig gesetzte Deckenspots, die zur Allgemeinbeleuchtung beitragen. Leider wird bei ihrer Planung nicht immer der genaue Bezug zur späteren Innenraumgestaltung hergestellt, sodass sie ziemlich unmotiviert lediglich zur Akzentbeleuchtung dienen. Allgemeinbeleuchtung sollte ruhig auch auf traditionelle Mittel zurückgreifen und ein hohes Maß an indirekter Beleuchtung einbeziehen, beispielsweise durch Standleuchten aus dem Wohnbereich. Günstig sind auch Einzelleuchten oder Lichtbänder in Wandvouten, geschwungene Lichtsysteme mit frei wählbarer Kurvenführung (Optimierung des Qi-Stromes!), sowie Lichtdecken mit transluzenten Glasabdeckungen. In Zukunft werden Glasfaserleuchten hinzukommen.

Selbstverständlich sollte bei der Beleuchtungsplanung die Überlegung sein, ob und in welcher Weise die nachlassende Sehfähigkeit älterer Menschen (das heißt ab 50 Jahren!) berücksichtigt werden muss.

Zur Erinnerung sei nochmals auf die Bedeutung der Beleuchtung für den Qi-Fluss hingewiesen (siehe S. 32). Quer zur Laufrichtung befestigte Leuchtstoffröhren bremsen den Qi-Fluss, längs der Laufrichtung angebrachte beschleunigen ihn dagegen. Über langen, geraden Verkaufsachsen sollten daher, wie oben bereits gesagt, keine Lichtbänder in gleicher Richtung verlaufen. Besser sind hier versetzte Leuchten über der rechten und linken Seite der Achse oder polygonale Lichtschienen.

Ein wichtiger letzter Punkt: Die gegenüber der Allgemeinbeleuchtung hellere Ausleuchtung eines Wandbereiches kann eine geeignete Maßnahme für die „Heilung verletzter Grundrisse" sein (vgl. S. 43). Die gezielte Ausleuchtung eines dort befindlichen Warenbildes schafft einen „virtuellen Raum", der den fehlenden Bereich ausgleicht. Diese Wirkung ist noch stärker, wenn durch Trompe-l'œil-Malerei oder entsprechende Plakate der Eindruck von Weite geschaffen wird.

17 Akzentbeleuchtung für die ausgestellte Ware und nach oben abstrahlende Einzelleuchten zur Unterstützung der Allgemeinbeleuchtung. Die Kunden werden nicht geblendet.

Besondere Herausforderungen

Spiegel, Pfeiler, Decken

Spiegel haben Vor- und Nachteile. Sie reflektieren das Qi und können es in sonst wenig versorgte Ladenbereiche lenken, wenn sie entsprechend positioniert werden. Allerdings dürfen sie auf keinen Fall in geringer Entfernung innen direkt gegenüber dem Eingang angebracht werden, da sie die Vitalenergie sonst aus dem Laden reflektieren würden (siehe S. 36). Auch gegenüber dem Austritt aufwärts führender Fahrtreppen wirken sie ungünstig. Als Faustregel gilt, dass der Spiegel pro 10 cm Breite mehr als einen Meter vom Eingang oder dem Treppenaustritt entfernt sein sollte.

Spiegel können wie Licht für den Ausgleich verletzter Grundrisse eingesetzt werden. Ähnlich wie eine hellere Beleuchtung der betroffenen Wandflächen ergänzen Spiegel „virtuell" den fehlenden Bereich.

Aber Vorsicht! Spiegel haben im übertragenen Sinn eine „verdoppelnde" Wirkung. Schauen Sie in einen Spiegel, so sollte Ihr Blick (oder der Ihres Kunden!) nicht auf etwas fallen, das Sie nicht in Ihrem Geschäft verdoppelt sehen wollen, wie beispielsweise leere Schachteln, volle Aschenbecher, ungeordnete Papierstapel. Auch Wand- oder Pfeilerkanten schießen einen angreifenden Qi-Pfeil „um die Ecke", wenn der Kunde im Spiegel genau auf sie blickt. Stark blendende Einzelleuchten, Spots und Fluter dürfen ebenfalls nicht über einen Spiegel zu sehen sein.

Spiegel gegenüber einer Kasse „verdoppeln" den Reichtum. Hängen sie hinter der Kasse, so reflektieren sie im übertragenen Sinne den Reichtum weg! Im Allgemeinen sollten Spiegel aus Kristallglas bestehen. Kunststoffspiegel aus beschichtetem Acrylglas rufen fast immer – sichtbar oder nur subliminal wahrnehmbar – Spiegelverzerrungen hervor, von denen wiederum eine verunsichernde und daher psychologisch ungünstige Wirkung ausgeht.

Säulen sind gegenüber eckigen Pfeilern vorzuziehen. Von den Kanten eines Pfeilers gehen immer angreifende Qi-Pfeile aus. Diese Kanten sollten unbedingt verdeckt werden, wenn sie auf Verweilpositionen von Kunden und

18 Die runde Form der tragenden Säule unter einer Lichtöffnung mit opaker Glasabdeckung wiederholt sich in der Wandstruktur und den Warenständern.

Verkaufspersonal oder auf die Laufrichtung der Kunden auf Verkehrswegen „zielen".[1] Gut eignen sich dazu Pflanzen, Warenbilder oder auch geschmackvoll drapierte, weich fließende Stoffbahnen. Eine andere Möglichkeit: Rundhölzer mit einem Durchmesser von etwa 15–20 Millimeter, aus denen ein Viertel herausgesägt wurde, können auf die Kanten aufgesetzt und im gleichen Farbton gestrichen werden. Diese einfache Maßnahme fällt kaum auf. Qi-Pfeile können außerdem von Wandfaltungen ausgehen. Auch bei diesem Gestaltungselement wird am besten von vornherein darauf geachtet, dass die entstehenden 45°-Kanten in der beschriebenen Weise „entschärft" werden.

Die Decke eines Ladens sollte am besten geschlossen sein, auch wenn eine offene Gestaltung als modern und dynamisch gilt. Die Nachteile der offenen Decke überwiegen:

19 Eine offene Deckengestaltung wird zwar als modern angesehen. Sie hat aber Nachteile, da sie zum subliminal schwächenden Blick auf die Versorgungsleitungen zwingt. Die unruhigen Strukturen erzeugen außerdem Qi-Wirbel und führen oft zu angreifenden Pfeilen.

20 Die angreifenden Kanten eckiger Pfeiler können gut durch Informationsschilder kaschiert werden.

Die sichtbaren Versorgungsleitungen des Organismus Laden entsprechen den Nervenbahnen im menschlichen Körper, und unbewusst werden sie daher von Kunden und Verkaufspersonal mit dem nicht gerade aufbauenden Einblick in die geöffnete Schädeldecke eines Menschen gleichgesetzt.

Die unruhigen Strukturen einer offenen Decke erzeugen außerdem ähnlich wie eine Balkendecke eine Vielzahl von Qi-Wirbeln. Diese belasten die Atmosphäre mit unnötiger Unruhe und Anspannung. Eine Ausnahme können ästhetische alte Decken in historischen Gebäuden sein, wenn die Versorgungsleitungen so unauffällig wie möglich gestaltet werden.

Decken sollten am besten keine stark glänzende oder spiegelnde Oberfläche haben, denn dies führt im Allgemeinen zu einem unruhigen Qi-Fluss. Um bei geringer Ladenhöhe die Decke optisch zu erhöhen, ist eine höhere Lichtdecke im Mittelraum meist besser geeignet als die zu diesem Zweck gern verwendeten Spiegel. Auch nach oben gerichtetes Licht kann die Decke virtuell anheben. Tageslichtdecken sind in den meisten Fällen ein wertvoller Beitrag für die Atmosphäre, und sie tragen zum Sicherheitsempfinden des

Kunden bei. Wenn dazu transparentes Fensterglas verwendet wird, so sollte die Decke aber eine Bogenform haben, damit das Qi nicht hinausfließt. Im anderen Fall ist opakes, transluzentes Glas (Milchglas) vorzuziehen.

Materialien

Die im Laden verwendeten Materialien sollten auch in Bezug auf die Yin- oder Yang-Betonung betrachtet werden. Jeder Laden ist von sich aus yang-betont, da Beratung und Verkauf aktive Tätigkeiten sind und eine entsprechende Atmosphäre voraussetzen. Werden jedoch ausschließlich harte, glänzende Materialien – wie Stein, Stahl, Edelstahl, Messing und Chrom sowie Spiegel – verwendet, so kann ein dominierendes und damit anstrengendes Yang-Übergewicht entstehen. Eine ausschließliche oder überwiegende Verwendung weicher Materialien – wie Holz, Kunststoff, Textilstoffe und Teppiche – macht demgegenüber die Atmosphäre zu yin-betont und damit „schläfrig".

Glas ist transparent und leicht. Durchsichtige Glasflächen haben keinen lenkenden Einfluss auf die Qi-Energie, da sie hindurchfließt. Im Mittelraum verwendete Glasvitrinen sind daher günstig, da sie nicht als Qi-Blockade wirken. Regalböden aus Glas sollten immer leicht abgerundete Kanten haben. Sehr wichtig ist: Tischflächen aus Glas sind im Allgemeinen ungünstig. Was sich auf dem Tisch befindet, scheint hindurchzufallen: Glasflächen „halten kein Wasser". Vor allem Beratungsgespräche sollten nicht an Glastischen durchgeführt werden, da der Blick durch die Glasfläche hindurch zur Ablenkung führt sowie Unsicherheit und eine Konzentrationseinbuße hervorrufen kann.

Vom raumpsychologischen Standpunkt aus ist die Wahl eines Materials insbesondere im Hinblick auf seine Zuordnung – meist aufgrund der Farbe – zu einem der „Fünf Elemente" relevant. In der Praxis sind für unterschiedliche Ladensektoren aufgrund der dort bestehenden Felder der Richtungsenergie auch bestimmte Farben und Materialien günstig. Daher ist die konstruktive Einbeziehung des energetischen Aspektes in jedem Fall sinnvoll.

21   Die Wahl der Materialien beeinflusst entscheidend die Atmosphäre eines Ladens.

Servicequalität und letzter Eindruck

Aus zahllosen beobachteten Verkaufssituationen ziehen wir den Schluss: Viele Händler und insbesondere ihre Mitarbeiter scheinen der Ansicht zu sein, dass Kunden eigentlich dazu da sind, sie glücklich zu machen, und nicht umgekehrt.

Diese Einstellung ist aber alles andere als zeitgemäß. Denn die Qualität der Dienstleistung wird als Kriterium für die Kundenzufriedenheit mit Sicherheit weiter zunehmen – und damit gleichzeitig ein entscheidender Träger der Profilierung eines Ladens sein. Leider ist das Ansehen des Dienens und der Dienstleistung in Deutschland sehr gering. Warum dies so ist, zeigt Minoru Tominaga in seinem Buch „Die kundenfeindliche Gesellschaft" treffend auf.[1]

Das Verkaufspersonal

Um die Servicequalität zu verbessern, wird viel Geld in die Schulung des Verkaufspersonals gesteckt. Ein anderer wichtiger Gesichtspunkt wird aber meist vernachlässigt: Das Ausmaß, in dem Verkäufer ihre Schulungen langfristig praktisch umsetzen können, hängt ganz wesentlich von den energetischen und psychologischen Bedingungen ihrer Arbeitsumgebung ab.

Die gesamte Ladengestaltung beeinflusst natürlich nicht nur das Kundenverhalten, sondern auch dasjenige des Verkaufspersonals. Mitarbeiterinnen und Mitarbeiter in avantgardistischen Läden mit kühler, nüchterner, fast leerer Gestaltung haben es allen Schulungen zum Trotz nicht leicht, zuvorkommend und freundlich zu erscheinen. Oft wirken sie ebenso kühl und leer: Sie „passen" eben in den Verkaufsraum. Doch die scheinbare Gleichgültigkeit oder sogar Arroganz des Personals ist vielleicht gar nicht beabsichtigt, sondern wird durch den Raum hervorgerufen. Räume „färben ab", Gestaltungsmerkmale können sich in vielen Fällen mühelos und schnell auf Menschen übertragen, die darin

1 Das Ideal: Verkäufer und Verkäuferinnen, die sich als Problemlöser ihrer Kunden verstehen und Fachkompetenz mit Menschenfreundlichkeit und Liebe zum Produkt verbinden.

arbeiten. Wie schon Winston Churchill sagte: „Erst erschaffen die Menschen die Häuser, und dann erschaffen die Häuser die Menschen."

Kunden während der gesamten Ladenöffnungszeit zuvorkommend, effektiv und kompetent zu bedienen, erfordert nicht nur physische, sondern auch psychische Energie.

Läden mit mangelhaftem Qi-Fluss und vielen der anderen aufgezählten ungünstigen Faktoren erschöpfen aber auch die psychische Energie des Verkaufspersonals. Die Folgen sind geringeres Selbstwertgefühl, unbestimmte Müdigkeit und Lustlosigkeit, mangelnde Motivation. Ist es bei solchen Grundbedingungen fair, vom Mitarbeiter zu erwarten, die vielen guten Ratschläge der Schulungen dauerhaft in die Tat umzusetzen?

Aber nicht nur das! Das Verkaufspersonal sollte auch mit einfachen raumpsychologischen Gesichtspunkten des Ladens vertraut gemacht werden, damit es selbstständig darauf achten kann, ungünstige Faktoren zu beseitigen. Ein Beispiel: Eine sichtbare, großflächige Wandkante „bedroht" Kunden, die in geringer Entfernung davor an der Kasse stehen. Vor der Wandkante sollte eigentlich eine hohe, schlanke Pflanze stehen. Das Reinigungspersonal rückt diese aber regelmäßig zur Seite. Sind alle Mitarbeiter entsprechend wahrnehmungsgeschult, werden sie automatisch dafür sorgen, dass diese Schwachstelle korrigiert wird.

Ein weiterer Punkt: Manche Unternehmen stellen im Rahmen der Corporate-Identity-Maßnahmen ihrem Personal farblich einheitliche Arbeitskleidung zur Verfügung. Dabei sollte berücksichtigt werden, dass die Elemente dieser Standardkleidung und die persönliche Grundschwingung der Mitarbeiter, ihr *Feng-Shui-Profil*, nur in wenigen Fällen in Harmonie stehen. Oft liegt dagegen ein Konflikt vor, sodass das tägliche Tragen dieser einen, dominierenden Farbschwingung die physische und psychische Beanspruchung mancher Mitarbeiter verstärkt. Es ist daher zu empfehlen, die Kleiderordnung um Accessoires aus der Farbpalette der *Fünf Elemente* zu ergänzen, damit jeder Mitarbeiter mit kleinen

2

3

Akzenten an der Kleidung seine „Brückenelemente" wählen kann. Meistens gibt der persönliche Geschmack bereits einen ausreichenden Hinweis darauf.

Besondere Bedeutung kommt in einem Laden auch den Sozialräumen zu, dem Bereich „hinter den Kulissen". Wie häufig denken wir an das alte Sprichwort „vorne hui, hinten pfui", wenn die Sozialräume zum Vorschein kommen! In ihrer Gestaltung zeigt sich deutlich, wie ernst Architekten und Händler es mit dem Motto: „Die Mitarbeiter sind das höchste Gut!" meinen.

In vielen Fällen dienen Sozialräume gleichzeitig als Lager, sind Vorraum für das Personal-WC, beinhalten die Kaffeemaschine und müssen außerdem einen oder mehrere Büroarbeitsplätze aufnehmen. Oft werden von vornherein ungünstige Bedingungen – wie ungenügende

Lüftung bei fensterlosen Räumen – in Kauf genommen, um die Kosten gering zu halten.

Aus raumpsychologischer Sicht benötigen Sozialräume in jedem Fall eine gut gestaltete Qi-Auffrischung (Pflanzen, Wasserspiele) und genügend Möglichkeiten, um Ordnung zu halten. Die Farbgestaltung sollte entweder ausreichend differenziert oder aber neutral sein, unter Hinzuziehung von Farbakzenten in der Einrichtung. Eine funktionierende Trennung von Raucher- und Nichtraucherbereichen sollte selbstverständlich sein.

Giveaways und Erfrischungen

„In Japan wird Service so definiert, dass alle Leistungen, die man für Verwandte oder Freunde kostenlos erbringen würde, auch für den Kunden kostenlos sein sollten."[2] Wir sind hiervon weit entfernt. Doch wenn Kunden als Gäste oder Freunde behandelt werden, kommen sie natürlich eher wieder. Gästen und Freunden erweist man Gefälligkeiten, und man macht ihnen Geschenke. In der Regel erwartet kein Kunde, etwas geschenkt zu bekommen. Die Erfahrung zeigt, dass die Überraschung umso größer ist, wenn das Einkaufserlebnis durch eine kleine Aufmerksamkeit abgerundet wird.

Derartige Giveaways können zum Beispiel kostenlose Erfrischungen sein. Eine kleine Espressobar sollte aber nicht irgendwo im Sozialraum versteckt sein, sondern – soweit räumlich möglich – an einem prominenten Platz zusammen mit einer Pflanze und einer Sitzgelegenheit zur Einrichtung eines kleinen Ruhebereiches genutzt werden.

In größeren Läden bietet sich die Einrichtung einer Cafeteria oder eines Bistro-Bereiches an. Je mehr Sorgfalt und Liebe zum Detail bei der Gestaltung eingebracht werden, desto eher kann dieser Erfrischungsbereich sogar zu einem Kundentreffpunkt werden. Geeignete Veranstaltungen – wie ein Kurzvortrag zu jeder vollen Stunde, eine kleine Lesung und Ähnliches – haben das Ziel, Kunden spontan für einige Minuten anzulocken.

2, 3   Verkäufer, die optimal auf ihre Kunden eingehen sollen, benötigen optimale Bedingungen „hinter den Kulissen".

4   Das Besondere an diesem Laden: Cappucino trinken vor einem gemütlichen Kaminfeuer. Zeit zum Entspannen und sich in Ruhe umzuschauen.

4

5

6

5   Dieser Ruhebereich ist mit einer Cafeteria kombiniert. Er wird gleichzeitig zum beliebten Kundentreffpunkt.

6   Ruhebereich mit Bistro-Atmosphäre – und ein Faszinationspunkt mit einem Sessel, in dem sich der Kunde als König fühlen kann.

7   Eine Cafeteria im Einkaufszentrum. Allerdings schweben die Kunden „in der Luft", ihnen fehlt die Erdung. Vor allem bei sensiblen Menschen kann dies dazu führen, dass sie sich nicht entspannen und sicher fühlen.

Die Servicequalität

Anprobe und Wartebereiche

Werbegeschenke und Erfrischungen – wie beispielsweise Deo, Kamm, Eau de Toilette und Pfefferminzbonbons – sollten auch zur Standardausrüstung jeder Anprobekabine gehören. Controller reagieren auf derartige Empfehlungen jedoch bisweilen mit der Bemerkung: „Wieso? Die werden doch nur geklaut!" Ja, und? Wenn sie mit Ihrem Logo versehen sind, bringen Ihnen diese kleinen Multiplikatoren Ihres Auftritts mehr Aufmerksamkeit als manche teure Werbeanzeige.

Nur wenige Händler scheinen zu erkennen, dass Anprobekabinen zum wichtigsten Inventar überhaupt gehören. Auch für die Mehrzahl der Ladengestalter ist eine Anprobekabine lediglich ein notwendiges Übel, das die Verkaufsfläche vermindert und darüber hinaus auch das Diebstahlrisiko erhöht. Paco Underhill beobachtet dagegen in Bezug auf Textilien: „Die Wahrscheinlichkeit, dass ein Verkauf getätigt wird, erhöht sich um 50 Prozent, wenn der Verkäufer einen Kontakt zum Kunden herstellt, sie steigt aber um 100 Prozent, wenn es zu diesem Kontakt kommt und der Kunde eine Umkleidekabine aufsucht."[3]

Wenn Kunden etwas anprobieren, möchten sie damit möglichst attraktiv aussehen. Wenn sie vor dem Spiegel aber von oben angeleuchtet werden, sodass Gesicht und Körper Schlagschatten haben, dann ist gutes Aussehen keineswegs eine Selbstverständlichkeit. Das Gleiche gilt, wenn Problemzonen gnadenlos grell angestrahlt werden. Der Anreiz, die Kabine zur Anprobe weiterer Kleidungsstücke aufzusuchen, wird auch geringer, wenn sie karg wie eine Mönchszelle ausgestattet oder (wie bei der Standardgröße) so klein ist, dass der Kunde sich leicht stößt.

Anprobekabinen gehören zur Visitenkarte von Textil- und Sportgeschäften. Die Mindestanforderungen in Bezug auf die Ausstattung sind: seitlich der Spiegel angebrachte Beleuchtungskörper (keine Leuchtstoffröhren), die genügend helles, aber gleichzeitig schmeichelndes Licht geben, großzügige Ablageflächen und ausreichende Kleiderhaken und -bügel, eine Sitzgelegenheit zum kurzen Ausruhen oder für Begleitpersonen, ein Gegenspiegel, um

8

sich von hinten betrachten zu können. Holz- oder Teppichböden sind vorzuziehen, um nicht mit bloßen Füßen auf kaltem Stein stehen zu müssen. Da sich die Kabinen häufig in toten Bereichen des Ladens befinden, sollten attraktive echte oder künstliche Pflanzen oder Blumen die Atmosphäre auffrischen. Kahle Wände können mit aufbauenden Werbefotos geschmückt werden. Zwei der wichtigsten Punkte: Anprobekabinen sollten so groß wie möglich sein, und sie sollten eine ausgezeichnete Lüftung haben.

Die Servicequalität

Für bestimmte Waren wäre es eine gute (und bereits verwirklichte) Idee, die Anprobekabine mit unterschiedlichen Beleuchtungsmöglichkeiten auszustatten: Tageslicht (tatsächlich oder künstlich) sowie eine simulierte Nachtbeleuchtung, um zu zeigen, wie die Ware bei unterschiedlichen Lichtbedingungen aussieht.

Zum Anprobieren gehört in vielen Fällen das Warten. Aber niemand wartet gern! Insbesondere Männer, die ihre Frauen begleiten, tun sich schwer damit. Das Warten wird ihnen ja auch wirklich nicht leicht gemacht. In glücklichen Fällen finden sie vielleicht eine bequeme Sitzgelegenheit, aber fast nie eine anregende Beschäftigung. Dabei würde dies die Wartezeit umso kürzer erscheinen lassen. Es reicht dafür beispielsweise in keinem Fall, in Abteilungen oder Läden für Damenkleidung lediglich Hochglanzbroschüren mit Damenmode auszulegen. Wo sind interessante, spezifische Informationen für Männer, Senioren, Teens und Kids?

Ab etwa 90 Sekunden Warten wird das Zeitempfinden verzerrt: Die verstrichene Zeit erscheint länger, während sie vorher relativ richtig eingeschätzt wurde.[4] Das bedeutet, dass ein Kauferlebnis bereits nach eineinhalb Minuten zum Kaufärgernis werden kann, wenn die – möglicherweise noch für das Bezahlen zuständige – Begleitperson ungeduldig wird.

Beobachten Sie einmal, wie überrascht und dankbar Kunden und Begleitpersonen reagieren, wenn eine bequeme, aufbauende Wartemöglichkeit die Botschaft suggeriert: „Wir sehen Sie als unsere Gäste! Wir möchten Ihnen den Einkauf so angenehm wie möglich machen."[5]

Am einfachsten gelingt dies wahrscheinlich bei Kindern. Tatsächlich richten viele Läden Kinderecken ein. Häufig geht deren Ausstattung jedoch nicht über einen oder zwei bunte Plastikhocker und einen Eimer mit Lego-Steinen hinaus. Gerade wegen ihrer blühenden Fantasie sollten Kinder jedoch etwas mehr Beschäftigungsmöglichkeiten erhalten! Ein Monitor mit einem Zeichentrickfilmprogramm findet erfahrungsgemäß am meisten Anklang.

Überlegen Sie in diesem Zusammenhang ruhig auch, wie Sie die Senioren verwöhnen können, die zu den

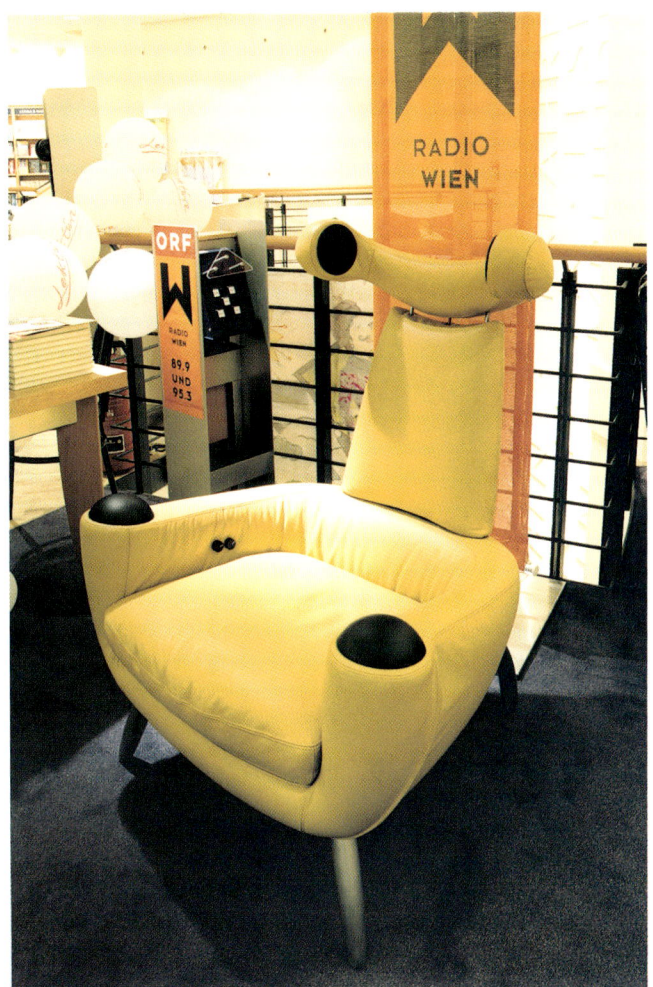

9

8 Ruhebereiche werden von Kunden umso bereitwilliger genutzt, je weniger raumpsychologische Störfaktoren vorhanden sind. Ungünstig sind Deckenspots, deren scharfer Lichtstrahl Kunden von oben anleuchtet. Dies beobachten wir immer wieder. Besser wäre es, das Licht zur Wand zu richten und eventuell zusätzlich durch Blendschutzvorsätze abzuschirmen.

9 Kein gewöhnlicher Warteplatz! Neue Ideen, um den Kunden zufrieden zu stellen, sind gefragt – und zugleich die aufmerksame, liebevolle Umsetzung.

10   Auch High-Tech-Möglichkeiten können gut genutzt werden, um wartenden Kunden die Zeit zu verkürzen.

11   Im Buchhandel hat man längst das Bedürfnis der Kunden erkannt, sich hinzusetzen und in ein Buch hineinzuschmökern. Der Kunde ist umso ruhiger und gelassener, je sicherer er sich fühlt. Deshalb sollten alle Sitzgelegenheiten dem Kunden eine „Rückendeckung" und ein stabiles Sitzgefühl geben.

12   Auch Raumteiler, die auf der einen Seite Regale tragen, geben einen guten Rückenschutz für Sitzgelegenheiten.

13 Die weit reichende Phantasie von Kindern erleichtert die Gestaltung einer Kinderecke. Dennoch sind Videofilme das beliebteste Mittel um Kindern die Wartezeit zu verkürzen.

14 Wo Kinder zu Kunden werden, ist eine besondere Gestaltung angebracht, die je nach der Situation ablenkend und anregend wirken kann. Bunte Dekorationen mit kräftigen Farben wirken gleichzeitig als Qi-Auffrischung, wenn ihnen Licht und Bewegung (beispielsweise als Videofilm) beigefügt werden.

„Whoopies" gehören und daher potentielle Umsatzbringer sind.[6] Sie dürfen keineswegs auf einsame Sitzgelegenheiten verwiesen und dann allein gelassen werden.

Kundentoiletten

Wer die Kundentoilette benutzt, ist in der Regel sehr dankbar – umso mehr, wenn sie oder er längere Zeit danach gesucht hat. Wird zu dieser Dankbarkeit noch eine angenehme Überraschung hinzugefügt, wandelt sich beides zu einem erinnerungswürdigen Erlebnis von Servicequaliät. Dies wird erreicht, wenn die Toilette nicht nur sehr sauber ist – ebenso selbstverständlich wie selten –, sondern auch einmal anders als gewohnt aussieht, oder wenn sie ähnlich wie im Falle der Anprobekabinen einige kleine Extras aufweist. Kleine Handcremetuben mit aufgedrucktem Firmennamen, frisches Trinkwasser (sofern Sie dies nicht im Bistro verkaufen) oder kleine Notizblocks – immer mit Ihrem Namen – können hier Wunder wirken. Kunden lieben das Gefühl, dass sie wirklich die Hauptpersonen sind!

Doch zurück zur Realität – sie sieht leider anders aus. Eine typische Erfahrung: Wir befinden uns in einem SB-Markt und bemerken, dass die Kundentoilette schmutzig ist und eine Toilettenbürste fehlt. Als wir die Angestellte am Info-Punkt darauf aufmerksam machen, lautet ihre Antwort: „Die Toilettenbürste ist uns schon zweimal gestohlen worden!" Aber nicht: „Das tut mir leid. Vielen Dank für den Hinweis – ich lasse wieder eine hineinstellen!" (Natürlich mit aufgedrucktem Namen, als Werbeträger.)

Argumente gegen eine etwas freundlichere Ausstattung von Kundentoiletten beziehen sich fast immer auf Einzelerfahrungen mit Kunden, die einen solchen Service nicht zu honorieren scheinen. Dennoch zeigen Beobachtungen, dass sich auf längere Sicht auch diese Facette des Dienstes am Kunden immer auszahlt. Hinzu kommt die Erkenntnis, dass sich ein guter Schutz vor schlechten Erfahrungen stets auch aus einer insgesamt aufbauenden Atmosphäre im gesamten Laden ergibt.

15 Eine „ganz andere" Kundentoilette! Welcher Kunde wird davon nicht erzählen?

Verabschiedung des Kunden

Der letzte Eindruck, die Verabschiedung, hat mit dem ersten Eindruck von einem Laden vieles gemein. Beide sind in der Regel unbewusst und beeinflussen das Kaufverhalten, ohne dass der Kunde es merkt. Und beide haben eine Zeitdimension: Der erste Eindruck beeinflusst die psychische Ausgangssituation während des Kaufvorganges, der letzte Eindruck das „Abfeiern", das Entspannen nach dem Kauferlebnis, die Erinnerung daran und die Frage des Wiederkommens.

Ist der letzte Eindruck positiv, so besteht eine gute Chance, dass das Kauferlebnis unter dem Etikett „angenehmer Einkauf" gespeichert wird. Aber es kann auch anders kommen: wenn der Kunde beispielsweise an einer leeren Kasse keine „Blickgarantie" erhält – eine kurze freundliche Blickbestätigung des gerade anderweitig beschäftigten Verkäufers – und sich minutenlang fragt, ob er überhaupt wahrgenommen wird. Oder wenn er beim Bezahlen genau in den schlecht eingestellten Deckenstrahler blickt. Oder wenn sich ihm beim Hinausgehen das düstere Szenario eines finsteren Parkhauses einprägt.

Kundentreue wird aufgrund der Wettbewerbs- und Angebotsvielfalt immer seltener. Darum ist ein positiver letzter Eindruck wesentlich, um Kundentreue so gut wie überhaupt möglich zu erhalten. Ein negativer letzter Eindruck – „Dort gehe ich nicht mehr hin!" – macht Kunden im günstigsten Fall zu Bequemlichkeitskäufern, die nur wiederkommen, weil der Kauf in einem anderen Laden aufwändig und unbequem ist. Im schlechtesten Fall werden Kunden zu Feinden, die trotz höheren Zeit- oder Kostenaufwandes prinzipiell zu einem anderen Anbieter abwandern und als „negative Multiplikatoren" agieren, indem sie Freunde beeinflussen.

Der letzte Eindruck setzt sich im Allgemeinen aus zwei Situationen zusammen: dem Bezahlen an der Kasse und dem Verlassen des Ladens und seiner Umgebung, seines „Kraftfeldes". Das Bezahlen ist häufig der frustrierendste Teil des Kaufvorganges. Das liegt nicht am Geldschwund im Portemonnaie, sondern vielmehr daran, dass Kunden im Kassenbereich in vielen Fällen gezwungen sind, zu warten,

16   Kasse und Ausgang prägen den letzten Eindruck des Kunden. Er sollte nicht dem Zufall überlassen bleiben!

stillzustehen und sich zu langweilen. Die einzige Ablenkung besteht im Kontrollieren, ob sich auch kein anderer Kunde vordrängelt, oder im Betrachten von langweilig aufgemachten Warenständern in der „Quengelzone". Kaum ein Kunde würde das Vordrängeln eines anderen ignorieren, und der bloße Versuch wäre der Auslöser, dass das Kauferlebnis zum Kaufärgernis degeneriert. Gegenmaßnahmen liegen meist im Bereich der Hinweisschilder und Bodenmarkierungen sowie in entsprechender Positionierung von Warenständern.

Eine Beschäftigung der in der Schlange wartenden Kunden wäre also notwendig und aufbauend. „Kluge Einzelhändler betrachten die Wartezeit der Kunden sogar als immateriellen Vorteil – hier bietet sich ihnen eine der wenigen Gelegenheiten, wo Kunden stillstehen, alle in eine Richtung schauen und nicht viel zu tun haben. Genau hier hat man die Chance, schlechte Zeit in gute Zeit zu verwandeln."[7]

Zur Unterhaltung bietet sich natürlich Werbung an, aber nicht nur: Videoschirme, die Werbung gemixt mit alten Slapstick-Szenen – oder kurze Mr.-Bean- oder Loriot-Szenen – zeigen, sind besser. Ungünstig wären ungekürzte Filme, weil es zu ärgerlich ist, das Ende zu versäumen. Aber man sollte auch bereits bei der Ladenplanung anfangen. Es gibt viele Gründe für die oft unbefriedigende Situation an Kassen: ungünstig positionierte Einzelleuchten blenden, Wandkanten bedrohen, die Kasse steht möglicherweise im ungünstigen energetischen Kraftfeld eines Elementekonfliktes, in einer Zone mit ungenügendem Qi-Fluss, oder sie wird direkt von einem „Qi-Pfeil" getroffen. Die Kassenpositionierung ist immer ein Drahtseilakt. Zu oft sieht die Positionierung auf dem Zeichenbrett gut aus, erweist sich in der Praxis aber als Fehlplanung, weil wartende Kunden später in ganz anderer Richtung stehen als vom Architekten vorhergesehen. In Bezug auf den Kundenleitweg kommt die Kasse leicht zu spät oder zu früh, in psychologischer Hinsicht ist sie bisweilen zu kantig oder zu groß („Kassenburg"), von der Orientierung her zu klein. Kassenmöbel sollten daher eine ansprechend geschwungene Form haben, um zugleich auch eine harmonische Schwingungsbahn des Qi-Flusses zu unterstützen.

Kassen sollten weder direkt am Eingang noch direkt gegenüber stehen. Im ersten Fall besteht die Gefahr, dass die Qi-Energie, die sich eigentlich um die Kasse herum sammeln sollte, am Eingang blockiert wird und sozusagen aus dem Laden herausfällt, im zweiten die Gefahr, dass eintretende Kunden sich sofort unangenehm beobachtet fühlen.

Falls durch eine professionelle Feng-Shui-Beratung die energetisch günstigen Ladensektoren (nach Raum- und Zeitqualität) bestimmt wurden, sollte versucht werden, die Kasse dort zu positionieren. Dabei dürfen selbstverständlich funktionale Gesichtspunkte nicht übersehen werden, weil Ärger von Kunden und Kassenpersonal einen durchschlagenderen Effekt haben kann als der „Mosaikstein" der günstigen Energiefelder. Überprüfen Sie auch die unmittelbare Umgebung der Kasse! Menschen haben eine natürliche Abneigung dagegen, in geringer Entfernung vor einer Wandkante zu stehen, die sie mit einem Qi-Pfeil angreift.[8] Sie werden dann unruhig und treten eher aus der „Schusslinie" heraus. Ungünstig ist es, wenn man Kunden jedoch dazu zwingt, weil sie an der Kasse vor genau einer solchen Kante warten müssen.

17   Neue Kassenmöbel beziehen runde Formen ein. Sie wirken anmutiger und optimieren den Qi-Fluss.

18   Ohne Rückenschutz ist die Tätigkeit der Kassiererinnen anstrengender.

19   Frische, locker und natürlich dekorierte Blumen sind eine ideale Qi-Quelle an der Kasse, müssen jedoch stets rechtzeitig vor dem Verwelken erneuert werden. Sie bringen in jeden Laden eine Note von Schönheit und Charme.

Die Servicequalität

18

19

Der Arbeitsplatz an der Kasse sollte so angenehm wie möglich gestaltet sein. Das Bezahlen bildet meistens die letzte Interaktion zwischen Käufer und Verkäufer, und das Kassieren kostet vermehrt psychische Energie. Von Kassiererinnen auch am Abend noch zu erwarten, den Kunden ebenso freudig zu bedienen wie einen lieb gewonnenen Gast, ist unrealistisch, wenn sie durch raumpsychologische Störfaktoren ständig in Anspruch genommen werden. Kleine Qi-Auffrischungen sind daher gerade im Kassenbereich wichtig. Kassentische oder Kassenbereiche sollten daher auch genügend Platz für eine Pflanze, eine Vase mit frischen Blumen oder ein kleines Wasserspiel vorsehen.

Konzentration und Ausdauer des Kassenpersonals werden durch ein gutes „Backing" unterstützt. Dies trifft sich mit der herkömmlichen Empfehlung von Ladengestaltern, Kassenbereiche so zu gestalten, dass Kassiererinnen nicht von hinten, sondern nur von vorn angesprochen werden können.[9] Häufig sitzen die Mitarbeiter aber mit ungeschütztem Rücken zum Eingang hin. Sitzarbeitsplätze sollten daher zumindest Stühle mit ausreichend hoher Rückenlehne erhalten.

Werden diese Anforderungen berücksichtigt, dann sind die Mitarbeiter eher in der Lage, jedem (richtig: jedem!) Kunden den so genannten „Kennedy-Blick"[10] hinterherzusenden. Dieser Ausdruck bezieht sich auf eine historische Filmszene, die den charismatischen amerikanischen Präsidenten bei der Begegnung mit Gästen zeigt. Für jede Person hatte er nicht nur ein freundliches Wort und einen Händedruck, sondern schaute ihr für einen Moment freundlich hinterher, begleitete sie sozusagen unmerklich, während der nächste Gast vorrückte.

Der „Kennedy-Blick" charakterisiert treffend den letzten Schritt im Bemühen um den Kunden: das Hinausgeleiten. Dieser kurze, freundliche Blick wird vom Kunden kaum bewusst registriert, wohl aber unbewusst. Das freundliche Hinausgeleiten entsteht aus einer Grundhaltung, die den Kunden in der richtigen Weise achtet. Eine solche innere

Einstellung erzeugt wiederum ein Energiefeld, das bereichernder Bestandteil der Ladenatmosphäre wird. Unbewusst spüren Kunden aufgrund derartiger Energiefelder, ob sie geschätzt sind oder lediglich als notwendiges Übel betrachtet werden.

Der nächste Punkt im Hinausgeleiten betrifft die Gestaltung des Ausgangs. Von großer Bedeutung ist die Perspektive, die den Kunden außen empfängt, das heißt der Ausblick, wenn er den Laden verlässt. Leider sind die Einflussmöglichkeiten darauf für den Ladenbesitzer oder -betreiber in der Regel gering. Zumindest sollte er aber darauf achten, dass der letzte Eindruck des Kunden nicht ein Blick auf Schmutz, Zigarettenkippen oder halb abgerissene Plakate ist.

Liegt dem Ausgang in geringer Entfernung eine nackte Hauswand gegenüber, so sollte diese zumindest bunte, fröhliche Farben aufweisen, oder besser ein schönes Foto (oder Werbeplakat), das eine weite Landschaft zeigt.

Generell gilt: Je besser die Perspektive des Kunden beim Verlassen des Ladens ist – und am besten auch diejenige des Personals, wenn es aus dem Laden geht –, desto eher erwächst hieraus eine Unterstützung für die Zukunfts- und Erfolgsaussichten des Ladens. Denken Sie an unsere Ausführungen zum *Phoenix* (siehe auch S. 47).

In manchen Fällen wird der letzte Eindruck aber auch vom Parkhaus geprägt – und kann durchaus herabzie-

20   Ein alltäglicher Vorgang: Kunden verlassen einen Laden. Welche Botschaften nehmen sie mit? Was erblicken sie draußen?

21   Dieser Anblick bietet keine aufbauende Perspektive, ist aber leider nicht selten.

22   Parkgarage einmal anders! Anstatt einförmig grauer Wände erscheinen hier geschwungene Dekorationen mit interessanten Motiven. Der erste und letzte Eindruck wird damit von vornherein aufgewertet.

Die Servicequalität

hend sein. Noch wird in den wenigsten Fällen genügend dafür getan, diesen tristen Ort aufzufrischen und aufzuwerten. Viele Menschen, und vor allem Frauen, empfinden Parkhäuser und Tiefgaragen als Bedrohung. Es wäre leicht, ist aber natürlich mit Kosten verbunden, diese Bedrohung zumindest abzumildern. Mögliche Maßnahmen: bessere Beleuchtung, hellere Gestaltung, keine endlosen eintönig grauen Wandflächen, sondern Farbigkeit, gute Orientierungsmöglichkeiten – auch als Farbleitsystem oder Zuordnung von Symbolen zu einzelnen Geschossen oder Bereichen, wie Blumen- oder Obstarten –, gut sichtbare Kameras und leise, schöne Hintergrundmusik. Eigenartig ist, dass die Wandflächen von Parkhäusern noch kaum als Werbeträger entdeckt sind. Vielleicht bestehen hier Finanzierungsmöglichkeiten für ihre menschenfreundlichere Gestaltung.

Mit dem letzten Eindruck und seinen vielen Facetten verlässt der Kunde den Laden. Kommt er wieder? Bleibt er beim nächsten Mal noch länger? Erzählt er von Ihrem Laden? Bewegt er andere Menschen zum Mitkommen? Lässt er sich inspirieren, anstatt nur das Notwendige zu kaufen? Wird er in Ihrem Laden vom Sucher zum Käufer?

Sie haben nun eine Vielzahl von Anregungen, damit diese Fragen mit einem klaren „Ja" beantwortet werden können. Der folgende Praxis-Teil soll Ihnen weitere Ideen vermitteln.

Nun gibt es nur noch eins: Begeben Sie sich am besten gleich auf einen Rundgang durch Ihren Laden und versuchen Sie mit Ihren neuen Kenntnissen, den einen oder anderen raumpsychologischen Störfaktor sofort zu erkennen. Die Checkliste ab Seite 156 hilft Ihnen dabei. Und: Beginnen Sie mit Veränderungen, oder zumindest mit dem ersten Schritt, innerhalb der nächsten 72 Stunden! Damit erhöhen sich erheblich Ihre Chancen, das Ziel zu erreichen: Atmosphäre nicht außer Acht zu lassen, sondern sie zu gestalten. Wir wünschen Ihnen viel Freude und Erfolg dabei!

Ein Blick in die Praxis

Die folgenden Beispiele geben Einblick in die Zusammenarbeit der Autoren mit Ladenbesitzern und Architekten. In der Praxis erfordert die Umsetzung raumpsychologischer Maßnahmen die pragmatische Verknüpfung mit funktionalen und baurechtlichen Gesichtspunkten sowie die Berücksichtigung von Kundenerwartungen und westlichem Geschmack. Kreatives Einbringen eigener Ideen aller Beteiligten sowie unkonventionelle Lösungen für auftretende Probleme lassen Verkaufsräume entstehen, die sich durch hohe Akzeptanz von Kunden und Verkaufspersonal sowie höheren Geschäftserfolg auszeichnen.

Stadt-Apotheke „Zum guten Hirten", A-Amstetten

Ausgangssituation

Die zentral gelegene und unter Denkmalschutz stehende Stadt-Apotheke in Amstetten befindet sich in zwei alten, sehr verwinkelten Häusern, die vor 1800 gebaut wurden. 1937 erfolgte ein größerer Umbau mit Dach- und Fassadenangleichung der beiden Gebäude.

Aus raumpsychologischer Sicht wies die Apotheke die folgenden ungünstigen Merkmale auf. Der kleine und enge Verkaufsraum war entsprechend früherer Gewohnheiten sehr dunkel gehalten und machte mit seiner Holztäfelung einen düsteren Eindruck. Auch der ursprüng-

1 So präsentierte sich die Stadtapotheke vor dem Umbau. Blick von der Arbeitsposition der Mitarbeiter zum Eingang. Rechts der kleine Durchgang zur Parfümerieabteilung.

2 Blick von der Position des Kunden: hinter dem Verkaufstresen der schmale Durchgang zu den weiteren Räumen.

Ein Blick in die Praxis

lich im Nordosten angegliederte schmale Parfümerie-Verkaufsraum machte keinen aufbauenden Eindruck. Aufgrund der Enge und winkligen Grundgestaltung ließen das Inhaberbüro, die Vorrats- und Lagerräume sowie die Sozialräume in funktionaler Hinsicht zu wünschen übrig und machten keinen aufbauenden Eindruck. Ordnung und Übersicht waren erschwert, die Arbeitsbedingungen in energetischer wie psychologischer Hinsicht eher belastend. Inhaber und Mitarbeiter bemühten sich zwar, die mögliche Botschaft „alte Apotheke mit entsprechend überholten Medikamenten" durch gute, vertrauensvolle Beratung aufzufangen. Dennoch war die Modernisierung unerlässlich.

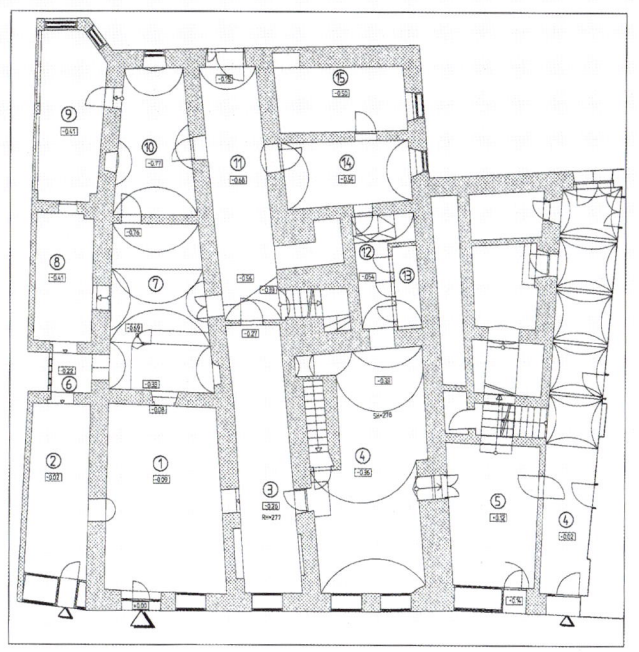

Architekt: Dipl. Ing. Jörg Fuchs, Graz

3, 4 Der Vergleich der beiden Grundrisse zeigt die Vergrößerung von Eingang und Verkaufsraum, die großzügige Positionierung des Verkaufstresens und die günstige Verlegung des früher in Raum 3 gelegenen Arbeitsbereiches der Inhaber nach rechts.

143

Raumpsychologische Maßnahmen

Im Außenbereich wurde die Fassade aufgehellt, während ihr weiterhin sichtbarer Bezug zur Tradition Sicherheit und Vertrauen gibt. Hinzu kamen die Vereinheitlichung der bisher unterschiedlichen Schriftarten und eine klarere Schaufenstergestaltung. Weitere Empfehlungen dafür folgen unter Einbeziehung aller relevanten Faktoren dem Harmoniezyklus der *Fünf Elemente:* für den Nordostbereich (Element Erde) die Farben Gelb, Beige, Braun, Ocker, Rot, Orange, Rosé, Apricot, Metallfarben sowie Produkte im Zusammenhang mit den Bereichen Magen, Milz, Lungen, Zähne und Herz sowie Bewegungsbeschwerden; für den Nordbereich (Element Wasser) die Farben Blau, Grün, Metallfarben sowie die Bereiche Nieren, Kopf und Atemwege. Zum Ausgleich geringerer Elementekonflikte werden die entsprechenden Brückenelemente eingesetzt.

Der Eingang wird durch attraktive Kübelpflanzen mit roten Akzenten betont. Im Zuge der Modernisierung wurde der Eingang vergrößert und gleichzeitig leicht gedreht. In architektonischer Hinsicht ergibt sich dadurch ein attraktiver, einladender Eindruck und bessere Funktionalität im Eingangsbereich. Unter raumpsychologischen Gesichtspunkten führt die Eingangsneigung zu weit günstigeren Sektorenenergien in wesentlichen Bereichen der Apotheke. Eingangsvergrößerung und -drehung sowie die Vergrößerung des Verkaufsraumes durch Entfernen einengender, nicht tragender Mauerbereiche ziehen nun mehr Licht und Weite sowie entsprechend mehr Vitalenergie hinein. Auch Büro und Mitarbeiterraum haben an Energie gewonnen.

Der Verkaufstisch hat eine empfangende, zum Kunden geöffnete Form mit klarer Willkommensbotschaft. Der Strom der Vitalenergie wird durch die Rundungen am Verkaufstisch sowie weitere geschwungene Strukturen – wie abgerundete Regalböden – harmonisiert und durch Blumen, Pflanzen und einen Brunnen intensiviert. Auch in den hinteren Räumen wird durch Pflanzen, Bilder und Plakate mit frischen Naturmotiven für eine Qi-Auffrischung gesorgt. Die „Laufrichtung" und Dynamik der Bildmotive

5 Die fröhlichen Farben der kleinen Kinderecke lockern die Atmosphäre zusätzlich auf. Der vergrößerte Eingang lässt viel Licht und Energie in den Verkaufsraum hinein.

Ein Blick in die Praxis

lenkt dabei Energie in günstiger Weise. Nicht vermeidbare „angreifende" Wandkanten und Ecken der Einrichtung werden in geeigneter Weise verdeckt.

Die Farbgebung der neuen Einrichtung ist deutlich lichter und heller als früher, die zum vorherrschenden Element Erde des Gebäudes harmonischen Erde- und Metallfarben sind beibehalten. So weit wie möglich wurde auf Einhaltung der günstigen Feng-Shui-Maße („goldener Schnitt des Ostens") geachtet. Generell folgen die Farb- und Formkombinationen dem Harmoniezyklus der *Fünf Elemente*.

Bei der Auswahl der Bilddekorationen wird darauf geachtet, Kunden und Mitarbeiter nicht durch dauernd sichtbare Abbildungen erkrankter Körperteile, Organe und Skelettteile psychisch zu schwächen. Dieses Material wird nur zur gezielten Aufklärung verwendet. Eine kleine Kinderecke bringt notwendige, fröhliche Farbakzente in den Verkaufsraum.

Inhaber und Mitarbeiter haben vielfältig zustimmende und enthusiastische Äußerungen über die Neugestaltung der Apotheke erhalten. Die Kosten und der Energieaufwand dafür machen sich bezahlt. Die Stadtapotheke Amstetten ist hervorragend für die Zukunft gerüstet.

6

7

6 Der Brunnen sorgt für die Qi-Auffrischung. Eine Kante unter der abgerundeten Arbeitsfläche des Verkaufstresens wird durch eine vitale Pflanze verdeckt.

7 Die Inhaber und Mitarbeiter der Stadt-Apotheke freuen sich über die gelungene Neugestaltung.

8

8 Der zum Kunden geöffnete Verkaufstresen mit abgerundeten Ablageflächen und der abgerundeten Arbeitsfläche macht einen großzügigen und einladenden Eindruck.

9 Auch die Regalböden unmittelbar dahinter haben eine abgerundete Form.

9

Sanitätshaus Schaible, Nagold

Ausgangssituation

Das Sanitätshaus Schaible liegt in einem 1971 gebauten Wohn- und Geschäftshaus in der zentralen Fußgängerzone von Nagold. Der Ladeneingang befand sich unterhalb einer ausgeprägten Überkragung. Hierdurch wirkte das Geschäft sehr dunkel und zudem von dem mächtigen Baukorpus wie erdrückt (Abb. 1). Dicht am Eingang stand ein massiver, tragender Pfeiler, der „angreifende Qi-Pfeile" auf den Eingangsbereich warf (Abb. 2).

Im Innenbereich befand sich an der Decke direkt gegenüber dem Eingang ein Betonunterzug mit schräger Spiegelverblendung (Abb. 5, S. 150). Durch die Spiegel wurde ein großer Teil der einströmenden Vitalenergie wieder zurückreflektiert.

Der Verkaufsraum erstreckte sich über zwei Etagen (Erdgeschoss und Obergeschoss). Seit 1994 bestand im Erdgeschoss gleichzeitig eine Wäscheabteilung mit Dessous und Bademoden.

Strategische Überlegungen legten es nahe, die Waren- und Zielgruppen zu trennen und zwei separate Läden zu schaffen. Damit ergab sich gleichzeitig eine gute Gelegenheit, die bisherige Ladengestaltung zu optimieren.

1 Die Überkragung „erdrückte" den Laden und verdunkelte ihn.

2 Der Betonpfeiler vor dem Eingang blockierte nicht nur die Vitalenergie, sondern verursachte auch die Bildung „angreifender Qi-Pfeile".

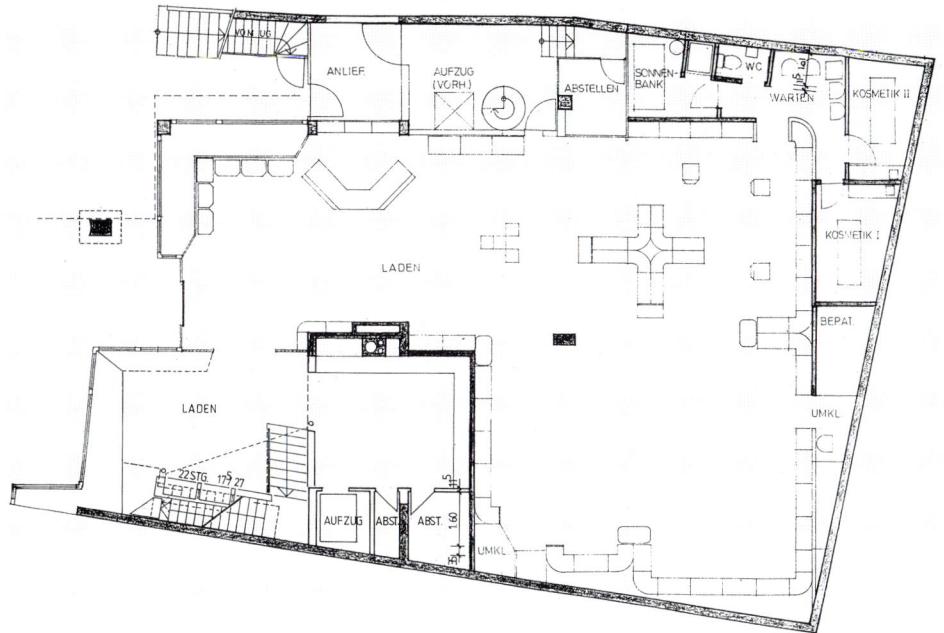

3

Architekten: Rainer Dausacker / Andreas Wohlfahrt, Nagold

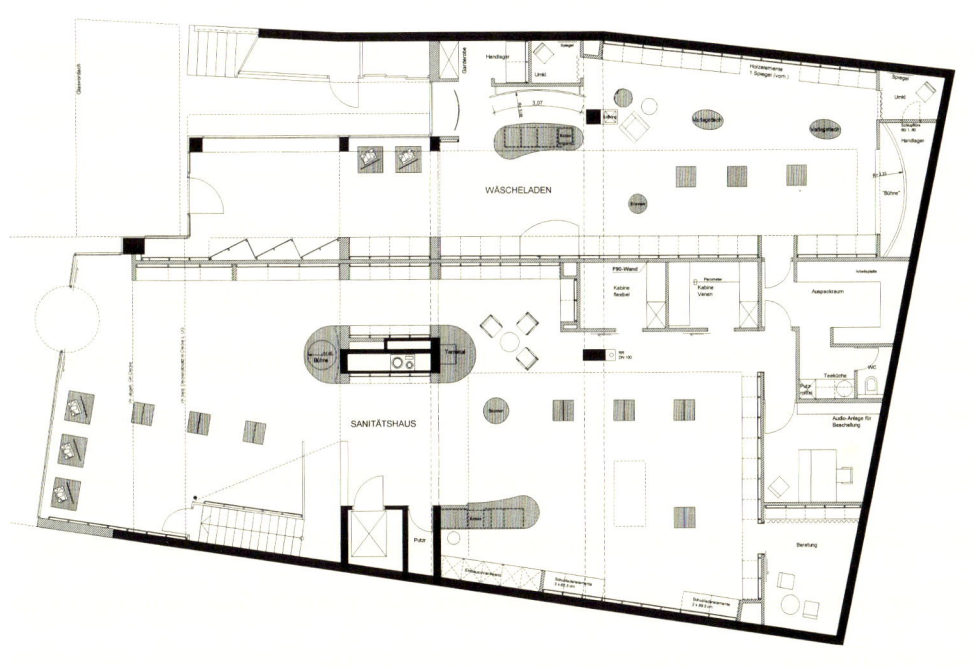

4

3, 4   Die Gegenüberstellung der beiden Grundrisse zeigt die Aufteilung des früheren Einzelladens in zwei getrennte Verkaufsräume, die Erweiterung des Eingangsbereiches in den beiden Läden und die Einbeziehung des störenden Pfeilers vor dem Eingang in die Wandstruktur.

Raumpsychologische Maßnahmen

Im Zuge des Umbaus wurde die Verkaufsfläche im Erdgeschoss vergrößert, um in diesem Bereich zwei Läden zu schaffen und das Obergeschoss ausschließlich für neue Büro- und Schulungsräume zu nutzen. Zugleich wurden etliche aus raumpsychologischer Sicht ungünstige Merkmale des Gebäudes ausgeglichen.

Der massive Pfeiler wurde in die abgrenzende Wand zum neuen Dessous-Geschäft integriert. Die Vergrößerung des Verkaufsraumes zur Fußgängerzone hin ermöglichte es, den Ladeneingang leicht zu drehen, um die Sektorenenergie im Inneren des Geschäftes zu verbessern. Die veränderte Außengestaltung lässt nun auch den Eingang wesentlich besser erkennen. Die optische Belastung durch den dominierenden Gebäudekorpus wurde deutlich verringert.

Die Decke wurde im vorderen Bereich in gleicher Höhe nach innen fortgeführt. Der Betonunterzug ließ sich als Übergangszone gestalten und mit einer Erlebnisbühne auflockern. Die Tiefe des Ladens wurde für eine Neuaufteilung der Warengruppen wie folgt genutzt: im vorderen Bereich „Wellness und Fitness" mit variabler Gestaltung und im hinteren Teil das „klassische Sortiment" moderner Orthopädietechnik, Sanitätshandelswaren und Rehabilitationsartikel.

Auf der Erlebnisbühne befindet sich ein Drehteller, der durch eine sich bewegende Warenpräsentation die Aufmerksamkeit der Kunden anzieht, die Energie zum Fließen bringt und durch die Bewegung gleichzeitig auch energetische Störfaktoren ausgleicht (Abb. 6, S. 151).

Im Bereich des „klassischen Sortiments" sorgt ein attraktiver Brunnen für eine Qi-Auffrischung. Hier befindet sich auch ein kleiner Wartebereich mit Serviceangeboten für den Kunden wie Lesestoff, Erfrischungen, Spezialkissen bei Rückenbeschwerden sowie einem Informationsterminal mit Touch Screen (interaktive Bedienungsoberfläche), der umfangreiche Informationen zu Gesundheitsfragen gibt (Abb. 7).

5

5   Die abgeschrägte Spiegelfläche auf dem Betonunterzug reflektierte die Vitalenergie Qi wieder hinaus. Dadurch entstand ein Mangel an Vitalenergie im Inneren des Ladens.

6   Die Drehbühne dient als Raum- und Sortimentsteiler und bietet zugleich vielfältige Möglichkeiten für anregende Inszenierungen. Auch eine schlichte Warenpräsentation sorgt durch die Bewegung der Dekorationspuppe und den farblichen Elementekonflikt (Orange und Blau = Elemente Feuer und Wasser) für Aufmerksamkeit.

7   Die fließenden Formen des Kassentisches bringen die Energie in Schwung. Natürlich dekorierte Blumen erneuern die Vitalenergie. Der Wartebereich lädt zum Ausruhen und Informieren ein. Der Info-Terminal mit interaktiver Bedienungsoberfläche unterstreicht die Kompetenz des Geschäftes. Die Farben befinden sich im Harmoniezyklus der Elemente. Konflikte werden ausgeglichen.

Ein Blick in die Praxis

6

7

8

Der Wartebereich befindet sich zudem sowohl in der Nähe der großzügigen Umkleide- und Beratungskabinen als auch in Kassennähe. Pflanzen lockern die Atmosphäre auf und frischen die Vitalenergie Qi auf.

Die Kassenposition wurde nicht nur nach funktionalen Gesichtspunkten gewählt, sondern gleichzeitig in einen energetisch günstigen Bereich des Ladens gelegt. Auf dem freundlichen, abgerundeten Kassentisch sorgen frische Blumen vor dem Hintergrund der farblich harmonisch abgestimmten Schränke für einen angenehmen letzten Eindruck beim Kaufabschluss. Die ruhige Front der Schränke stärkt zudem der Kassiererin den Rücken. Der fließende Schwung des Tresens und die abgerundeten Leuchten bringen Freundlichkeit in diesen eher sachlichen Ladenbereich.

Das Sanitätshaus erweckt nun insgesamt einen viel großzügigeren Eindruck. Neue Produkte kommen gut zur Geltung. Die Kunden fühlen sich durch den vitalen Qi-Strom im Laden aufgebaut, das Personal verfügt über noch bessere Arbeitsbedingungen. Mit seiner freundlichen, kundennahen Atmosphäre ist das Sanitätshaus auf weiterhin wachsenden Erfolg ausgerichtet.

8 Der weiche Holzton bringt Wärme in den technischen Bereich der Kasse und setzt, ebenso wie die abgerundeten Lampen, einen Yin-Akzent. Die geschlossene Schrankfront ist im Harmoniezyklus gestaltet, bietet genügend Stauraum und verschafft der Kassiererin einen ruhigen Rückenschutz.

Miederwarengeschäft Schaible, Nagold

Ausgangssituation

Das seit 1994 im Sanitätshaus Schaible integrierte Wäschegeschäft sollte einen geschlossenen Laden erhalten (Abb. 4, S. 149). Weitere Einzelheiten siehe vorstehend.

Raumpsychologische Maßnahmen

Durch den bereits erwähnten Vorbau konnte die Verkaufsfläche vergrößert und nach vorn geschoben werden. Die seitliche Tiefe des ehemaligen Hintereinganges wird nun für großzügige Schaufensterflächen genutzt. Durch die Verlängerung des Innenraums wurde allerdings auch ein typischer „Schlauchladen" mit entsprechenden Herausforderungen geschaffen (Abb. 4, S. 155). Dazu zählen aus architektonischer Sicht die Notwendigkeit, den Kunden bis in den hintersten Bereich zu führen, aus raumpsychologischer Sicht die damit verbundene Aufgabe, die Energie im hinteren Bereich aufzufrischen.

Um einen sanft geschwungenen, intensiven Energiefluss zu erhalten, werden geschwungene Bodenstrukturen (Mannequin-Insel), verschiebbare Warenpräsenter und eine Wassersäule eingesetzt. Hinten fängt die konkave Bühne die Energie auf (Abb. 2). Auch der geschwungene, sich zum Kunden öffnende Kassentisch harmonisiert den Fluss der Vitalenergie (Abb. 5).

Die sachliche Gestaltung des Kassenbereiches berücksichtigt die Platzierung der Herrenmode mit ihrer „männlich-zurückgenommenen" Gestaltung. Die Farben der Einrichtung entsprechen den Trendthemen. Blumenarrangements tragen sowohl eine gewisse Weichheit als auch Frische in den Laden. Am sanft gespachtelten, pistazienfarbenen Wandbereich greift eine Dekoration mit aktuellen Spitzendessous bereits das Thema der Damenabteilung auf (Abb. 3). Um dem tiefen Raum den typischen „Höhlencharakter" zu nehmen, wird durch ein erhöhtes Deckenfeld

1 Der herkömmliche Kassentisch war zu wenig einladend und ließ kaum Atmosphäre aufkommen.

mit indirekter Ausleuchtung der Eindruck größerer Höhe geschaffen. Die Umkleidekabinen sind großzügig und kundenfreundlich. In ihrer Nähe befindet sich auch ein bequemer Korbsessel für wartende Begleitpersonen (Abb. 2).

Die in diesem Bereich des Ladens notwendige Qi-Auffrischung wird durch eine Acrylwassersäule erzeugt. Die tanzenden Luftperlen sind zugleich eine faszinierende Unterhaltung für Kinder, während die Mütter ungestört die Ware anprobieren können. Trotz der etwas ungünstigen lang gestreckten Form macht der Dessous-Laden einen übersichtlichen, großzügigen Eindruck und wirkt einladend.

2   Acrylsäule mit Luftperlen und Holzfischen – Qi-Auffrischer sowie Faszination und Beschäftigung für wartende kleine Begleiter.

3   Der hintere Bereich des Ladens öffnet sich konkav zum Kunden. Die Dekorationsfigur gibt nicht nur Gelegenheit zur Warenpräsentation, sondern unterstützt durch ihre Platzierung auch die Loopführung bis zur Warenpräsentation am herkömmlichen Stecksystem. Durch leicht zu verändernde Farbakzente kann der Laden immer wieder eine neue Ausstrahlung erhalten.

Ein Blick in die Praxis

4   Im hinteren Bereich ist eine größere Verkaufsfläche entstanden. Der Gefahr eines zu dunklen Eindrucks wird durch das erhöhte Deckenfeld entgegengewirkt. Die Länge des Raumes wird durch versetzt aufgestellte (vollständige) Dekorationsfiguren auf Bodeninseln sowie durch Warenständer aufgelockert. Die Wassersäule verteilt die Energie in der Mitte des Raumes und frischt sie zugleich auf.

5   Kassenbereich und Herrenmode. Konsequent wird auf die Verwendung vollständiger Dekorationsfiguren sowie auf eine aufbauende Warenpräsentation mit ausgewogener Farbgebung geachtet.

4

5

Checkliste für den Rundgang durch den Laden

Bitte füllen Sie diese Checkliste bei einem Rundgang durch Ihren Laden aus. Setzen Sie in die zweite Spalte ein Pluszeichen, wenn Sie zufrieden sind, und ein Minuszeichen, wenn der betreffende Punkt verbessert werden muss. Schreiben Sie Ihre Verbesserungsideen in die Optimierungsspalte. Die dort bereits vorhandenen Anregungen sind lediglich Denkanstöße für Sie, die Sie durch Ihre eigenen kreativen Ideen ergänzen sollten. Notieren Sie bei allen Maßnahmen feste Termine und die verantwortlichen Personen!

Thema	Ist	Optimierung	Wer	Wann
Beispiele				
Laden von weitem sichtbar?	–	Fahnen? Schilder? Leuchtakzente? *Logo vergrössern; Girlanden, Nikolausfiguren*	W.	15.11.
Sichtbarkeit bei Nacht?	–	Fassade beleuchten *Werbeplakat anleuchten; Schaufenster umrahmen*	Mü/ Fa. Licht	10.12.
Außenbereich				
Laden von weitem sichtbar?		Fahnen? Schilder? Leuchtakzente? ...		
Sichtbarkeit bei Nacht?		Fassade beleuchten ...		
Eingang leicht erkennbar?		Eingangsbetonung durch ...		
Name von weitem leicht erkennbar?		Farbe, Schriftgröße optimieren ...		
Logo „unverletzt"? Klar? Stabil?		Termin mit Agentur vereinbaren ...		
Umgebung gepflegt?		Kooperation mit Nachbarn ...		
Hausfassade gepflegt?		Ausbesserungen, Verschönerungen durch ...		
Bereich vor Ihrem Laden „aktivierbar?"		Kleiner Brunnen? Pflanzeninsel? Bänke? ...		
Eingangstür gegenüber T-Kreuzung?		„Abpufferung" möglich? Eingang verlegen? ...		
„Wasser" hinter dem Haus?		Eingang verlegbar? ...		

Thema	Ist	Optimierung	Wer	Wann
Energetische Harmonie zu Nachbarn? Hausform? Fassadenfarbe? Branche? Welcher Ausgleich?		Brückenakzente setzen: …		
Übermächtige Nachbargebäude?		Betonung Fassade …		
Mehrere Eingänge? Haupteingang?		Entscheidung für Haupteingang, Kennzeichnung durch …		
„Angriffe" auf Ladeneingang? Hauskanten, Laternenpfähle, Baumstämme, Werbeplakate vor dem Eingang?		Kaschieren durch …		
Qi-Blockade durch Warenständer und -schütten?		Seitwärts versetzen …		
Entspiegelte Schaufenster?		Beratung anfordern …		
Gestaltung der Schaufenster: übersichtlich, aufbauend, sauber? Yin-Yang-Verhältnis?		Termin Dekorateurin, Kontrollen …		
Wettergerecht einstellbare Markisen?		Steuerung einbauen oder manuell regeln …		
Betreten Sie den Laden durch den Haupteingang?		Mindestens 2x pro Woche …		
Eingangsbereich				
Türöffnung nach innen?		Anschlag verändern …		
Freie „Landezone" für Kunden?		Eingang freiräumen …		
„Schneidende Messer" durch EAS-Antennen?		Kleinere Antennen? …		
Begrüßungszone aufgeräumt, übersichtlich, klar?		Ordnung schaffen, Orientierung, …		
Doppelbotschaften im Eingangsbereich?		Beseitigen …		
Logo oder Name auf Sauberlauf?		Neutralen Sauberlauf besorgen …		

Thema	Ist	Optimierung	Wer	Wann
Qi-Blockaden durch Ständer oder Schütten in der Eingangszone?		Versetzen …		
Streifen oder Markierungen quer zur Laufrichtung?		Beseitigen, verdecken …		
Quer angebrachte Leuchtstoffröhren?		Beleuchtung ändern …		
Spiegel gegenüber Eingang?		Beseitigen/verdecken …		
Verkaufsräume				
Lange, gerade Verkaufsachsen?		Unterbrechungen schaffen durch …		
Geschwungene Verkaufsachsen?		Ideen: …		
Qi-Insel(n) vorhanden?		Einrichten; Ideen: …		
„Tote" Ladenbereiche vorhanden?		Auffrischungen durch …		
Leicht erkennbare Orientierung?		Neue Beschilderung …		
Hinweisschilder gut lesbar?		Verbessern …		
Farbliche Gestaltung?		Fünf Elemente beachten! Änderungen: …		
Anderweitige Hinweise? Landmarks?		Ideen: …		
Seniorengerechte Orientierung: Größe, Farbe, Licht?		Verbesserungen: …		
Werden Kunden geblendet?		Blendquellen beseitigen: …		
„Zielen" Spots über Theke oder Kasse auf den Kunden?		Anders ausrichten, …		
„Qi-Pfeile" durch Wandkanten, Verkaufsständer, Warentische,		Verdecken, kaschieren durch …		

Thema	Ist	Optimierung	Wer	Wann
Deckenvorsprünge?		…		
Herausragende Streben?				
Spiegel, in denen „Qi-Pfeile" sichtbar sind?		Umstellen, …		
Abgerundete Kanten an Ständern und Regalböden?		Korrektur: …		
Verkaufsachse breit genug?		Platz schaffen …		
Elementenharmonie bei Formen, Farben, Materialien?		Konfliktfälle: …		
Ausgleich notwenig? Wie?		Ideen: …		
Brückenelemente einsetzbar? Welche?		Brückenakzente durch …		
Yin-Elemente im Laden?		…		
Yang-Elemente im Laden?		…		
Yin-Yang-Balance?		durch …		
Offene Deckengestaltung? Balken?		Decken schließen, Sonnensegel anbringen, …		
Dekorationen aufbauend?		Bilder austauschen, …		
Puppen ohne Köpfe?		Köpfe bestellen, …		
Aufbauender Gesichtsausdruck der Puppen?		Modell (oder Hersteller) wechseln, …		
Torsos?		Kaschieren möglich? …		
Warenbilder mit Naturelementen (Blumen, Pflanzen, Wasserspiel), Tiere?		Ideen: …		
Werbefotos aufbauend?		Neue Fotos besorgen …		
Integration von Jahreszeiten, Festen, lokalen Veranstaltungen?		Ideen: …		

Thema	Ist	Optimierung	Wer	Wann
Hintergrundmusik? Verkehrsfunk? Zuviel Werbung?		Neue CD's bestellen, ...		
Warenpräsentation liebevoll?		Verbesserung: ...		
Beleuchtung differenziert?		Ideen: ...		
Spiegel hinter der Kasse?		Abschaffen ...		
Rückenschutz für die Kassiererin?		Paravent? ...		
Qi-Auffrischung an der Kasse?		Blumen! ...		
Treppen ohne Setzstufen?		Rückseite einsetzen ...		
Ungerade Anzahl der Treppenstufen?		Änderung möglich? ...		
„Sichere" Treppe?		Sicherheit verstärken durch: ...		
Beratungstische mit Glasplatten?		Feste Platte einsetzen oder Auflage verwenden ...		
Aufzug angenehm gestaltet?		Ideen: ...		
Beleuchtung im Aufzug unangenehm?		Beratung anfordern ...		
Umkleidekabinen geräumig? Erfrischungen, Aufmerksamkeiten? Beleuchtung vorteilhaft? Rückspiegel?		Optimieren durch: ...		
Spielecke eingerichtet?		Einrichten, neu bestücken. Ideen: ...		
Wartebereich für Begleitpersonen? Informationen, Erfrischungen?		Ideen: ...		
Kunden-WC sauber? Aufmerksamkeiten?		Handcreme, ...		

Monatlich vorzunehmender Check (oder nach Veränderungen der Warenpräsentation beziehungsweise vor Werbeaktionen) vorzunehmender Check

- Beleuchtung (keine Blendung der Kunden im Laden oder durch hereinstrahlende Fluter im Schaufenster)
- Fassade, Eingangsbereich und Betonung (gepflegter Eindruck)
- Aufbauender letzter Eindruck des Kunden in Bezug auf den Blick nach draußen
- Aufbauender Gesamteindruck der Werbeunterlagen: übersichtlich, klare Aussage, kein „Angriff" auf die Ware durch Pfeile oder eckige grafische Elemente
- Vermeidung angeschnittener Köpfe und unordentlicher, wackeliger oder verschwommener Schrifttypen in Werbeunterlagen

Wöchentlich vorzunehmender Check

- Zweimaliges Wechseln frischer Blumen
- Musik wechseln
- Check, ob raumpsychologische Maßnahmen vom Reinigungspersonal unbeabsichtigt verändert wurden
- Ordnung, Sauberkeit, Frische und allgemein aufbauender Eindruck der Sozialräume
- Ausstattung der Wartebereiche für Begleitpersonen mit Informationen und Werbegeschenken

Täglich vorzunehmender Check

- Sauberkeit des Außenbereiches vor dem Laden sowie des Innenbereiches
- Sauberkeit der Schaufenster
- Sauberkeit der Kundentoiletten, Ausstattung mit kleinen Werbegeschenken und vitalen Blumen
- Ausstattung der Anprobekabinen mit kleinen Werbegeschenken

Anmerkung: Diese Empfehlungen berühren oder ersetzen nicht die anderen vielfältigen funktionalen und organisatorischen Maßnahmen „hinter den Kulissen" jedes Ladens.

Materielle Repräsentanten der „Fünf Elemente"

Element	Farbe	Form	Materielle Repräsentanten
Holz	Alle Grüntöne	Schlank, hoch, säulenförmig	Pflanzen, Bäume, frische Blumen (als Oberbegriff) und entsprechende Bilder; Dekogegenstände aus Holz in grüner Farbe; grüne Stoffe
Feuer	Alle Rottöne	Dreieckig, spitz	Rote Dekogegenstände, rote Lampen, Fotos von Feuer oder aktiven Vulkanen; rote Stoffe
Erde	Gelb, Beige, Champagnertöne, Braun, alle Erdtöne	Rechteckig und Würfelformen	Dekogegenstände aus Keramik in Naturtönen, Porzellan, Ton, Felsen; Steinböden und gefliese Böden, braunes Parkett, beige Teppiche
Metall	Silber, Gold, weitere Metallfarben, (Kalkweiß)*	Kreisformen, Bögen	Metallfarbene Dekogegenstände; Lampen, Warenständer und andere Gegenstände aus Metall
Wasser	Alle Blautöne (Schwarz)*	Wellenformen	Brunnen, Wasserspiele; Fotos, die Wasser zeigen oder damit assoziiert werden; blaue Dekogegenstände und Stoffe, nicht gefärbtes Glas

* Kalkweiß und Schwarz gelten nach Auffassung einiger Feng-Shui-Schulen ebenfalls als Repräsentanten für die Elemente Metall beziehungsweise Wasser.

Yin- und Yang-Faktoren in der Ladengestaltung

Yin	Yang
Dunkle Einrichtung	Helle Einrichtung
Entspannte Atmosphäre	Unruhige Atmosphäre
Rechte Ladenseite (von innen mit Blick zur Tür gesehen)	Linke Ladenseite (von innen mit Blick zur Tür gesehen)
Abgerundete, geschwungene Formen	Gerade, geometrische Formen
Naturelemente (wie Pflanzen)	Technik, Elektronik, Computer
Stoffe, Hölzer	Metall, Chrom, Glas
Weicher Teppichboden	Harter Fußbodenbelag
Abgestuftes Licht, indirekte Beleuch-tung	Helles Licht, direkte Beleuchtung, Spots
Wartebereiche	Aktionsflächen
Ruhiges Design	Stark differenziertes, kantiges Design
Statische oder symbolhafte Dekorationen	Dynamische oder aggressive Dekorationen
Dezente kühle Farben	Knallige warme Farben

Feng Shui-Maße

Als günstig gelten folgende Maße:
- 0–5,3 cm, 16,2–26,8 cm, 37,6–43 cm
- 43 cm oder ein Vielfaches davon zuzüglich der vorher genannten Maße

Bei Türen oder Fenstern gilt jeweils das lichte Innenmaß, bei Möbeln die äußeren Abmessungen. Generell sollten so viele Maße wie möglich in den „günstigen Bereichen" liegen.

Weitere Beispiele:

0,43–0,48 m	0,60–0,69 m	0,81–0,91 m	–	–
1,03–1,12 m	1,25–1,33 m	1,46–1,55 m	1,68–1,77 m	1,89–1,98 m
2,11–2,20 m	2,32–2,41 m	2,54–2,63 m	2,75–2,84 m	2,97–3,06 m
3,18–3,27 m	3,40–3,49 m	3,61–3,70 m	3,83–3,91 m	–
4,05–4,13 m	4,26–4,35 m	4,47–4,56 m	4,68–4,79 m	4,90–4,99 m

Einzelhandelsbranchen und ihre Elemente

Das angegebene Element betrifft jeweils die gesamte Branche. Sind mehrere Elemente angegeben, so betrifft das erste die gesamte Branche, das zweite oder die weiteren Elemente dagegen einzelne Waren (Beispiel: Spielwaren haben generell das Element Erde; Spielzeug aus Metall wird dagegen diesem Element zugerechnet, Spielzeug mit elektrischen oder elektronischen Bauteilen dem Element Feuer). Weitere Erläuterungen stehen in Klammern.

Branche / Ladengeschäft	Element
Apotheke	Erde, Holz, Feuer, Wasser
Autohändler, Autozubehör	Metall
Bekleidung (Damen- und Herrenmode, Kinderkleidung, Babyausstattung, Sportmoden)	Erde
Bäckerei	Erde
Bademoden	Wasser
Banken, Sparkassen	Metall
Bar, Pub, Café	Wasser, Erde (Süßspeisen)
Bücher	Holz
Bürobedarf	Metall, Holz (Papierwaren)
Computer, Hard- und Software	Feuer
Confiserie	Erde
Drogerie	Holz (Kräuter), Erde (Haushaltsbedarf wie beispielsweise Waschmittel)
Eiscafé	Wasser
Elektrohandel, Lampen	Feuer
Fahrradgeschäft	Metall
Frisör	Holz
Gardinen	Erde
Gartenbedarf	Holz
Geschenkartikel	Erde
Geschirr	Erde
Glas	Wasser (in manchen Schulen auch Erde)
Handwerkerbedarf	Metall
Haushaltswaren	Erde, Metall (sofern aus Metall)
Heimwerkerbedarf	Erde, Metall (sofern aus Metall)
Heimtextilien (Stoffe und Bettwäsche)	Erde

Branche / Ladengeschäft	Element
Imbiss	Erde
Immobilien	Erde
Kaffeegeschäft	Feuer
Kerzen	Feuer
Kräutergeschäft	Holz
Juwelier, Uhren, Schmuck, Modeschmuck	Metall
Kinderkleidung	Erde
Lebensmittel	Erde, Holz (pflanzliche Nahrungsmittel)
Lederwaren	Erde
Metzger	Feuer
Mineraliengeschäft	Erde
Möbel, Wohnen	Holz
Obst und Gemüse	Holz
Optiker, Fotobedarf	Metall
Parfümerie, Beauty Salon	Feuer
Radio, TV, Unterhaltungselektronik	Feuer
Reisebüro	Wasser
Schreibwaren	Holz
Schuhe	Erde
Souvenirs	Erde, Metall, Holz (Waren aus Papier)
Spielwaren	Erde, Metall, Feuer (elektrische, elektronische Spielwaren)
Sportgeräte	Metall, Holz (je nach Material)
Tabak	Feuer
Teeladen	Holz
Telekommunikation	Feuer
Teppiche	Erde
Tonträger (Schallplatten, CDs, Videos)	Holz
Weine, Spirituosen	Wasser
Zeitschriften	Holz

Anmerkungen

Einleitung

1 Vgl. Friedrich Gretz, *Läden richtig planen,* Fehler vermeiden, S. 21.
2 Quelle: Statistisches Bundesamt. Schätzungen: Bevölkerung 1999 82,1 Mill., 2016 79,6 Mill.; Altersgruppe bis 15 Jahre: 15,8 zu 12,2%; Altersgruppe 16 bis 25 Jahre: 10,9 zu 10,6%; Altersgruppe 26 bis 35: 15,6 zu 12,7%; Altersgruppe 36 bis 50: 22,9 zu 20,8%; Altersgruppe 51 bis 64: 19 zu 23%; Altersgruppe über 65: 16 zu 21% (jeweils für 1999 und 2016).
3 Minoru Tominaga schlägt den Begriff der „Jungen Senioren" vor und spricht außerdem von den Whoopies (well off older people oder „gutbetuchte ältere Leute"). Vgl. Minoru Tominaga, *Die kundenfeindliche Gesellschaft,* S. 180
4 Vgl. Friedrich Gretz, *Läden richtig planen,* S. 229
5 Vgl. Friedrich Gretz, a. a. O., S. 5
6 Vgl. Paco Underhill, *Warum kaufen wir?,* S. 31. Im Allgemeinen wird angenommen, dass mehr als die Hälfte aller Einkäufe nicht geplant, sondern Spontankäufe sind – Tendenz steigend.

Tiefenpsychologie: Die Impulse aus dem Unbewussten

1 „[…] das Unbewusste, das gewissermaßen unterhalb des Bewusstseins liegt, weshalb es auch öfters als das ‚Unterbewusste' bezeichnet wird, nicht selten mit dem unangenehmen Beigeschmack eines minderwertigen Bewusstseins." Vgl. Carl Gustav Jung, „Die Archetypen und das Unbewusste", *GW* 9/I, § 40
2 Unterstützt wird diese Aussage mittlerweile von den Erkenntnissen der Neurobiologie (Gehirnforschung) und der Humanethologie (Verhaltenswissenschaft). Danach sind in den menschlichen Genen aus den frühesten Epochen der Evolution grundlegende Verhaltensmechanismen gespeichert, die auf der biochemischen Ebene durch bestimmte Botenstoffe (Neurotransmitter) und Hormone in Gang gesetzt werden. (Vgl. Hans-Georg Häusel, *Think limbic,* S. 17 ff.)
3 Die Gehirnforschung stellt im Einzelnen dar, welche biochemischen Vorgänge daran beteiligt sind, wie zum Beispiel die Herstellung von Botenstoffen in den Nervenzellen. Ungeklärt, aber wahrscheinlich ist, dass auf der psychischen Ebene als notwendige Voraussetzung für diese Prozesse psychische Energie vorhanden sein muss.
4 Ausnahme: die hier nicht relevante künstliche Beeinflussung durch Drogen und Medikamente.
5 Vgl. Andrew Samuels et. al., *Wörterbuch Jungscher Psychologie,* S. 43, sowie Mario Jacoby, „Die Archetypen", in: du. Zeitschrift der Kultur, 8/1995, S. 27.
6 Vgl. Carl Gustav Jung, a. a. O. (Anmerkung 1), § 99. Die gleiche Stelle wird zitiert in Rupert Sheldrake, *Das Gedächtnis der Natur,* S. 274, im Kontext mit dem denkbaren Zusammenhang zwischen Archetypen und morphischen Feldern.
7 Das Sicherheitsbedürfnis hängt im Übrigen erheblich von der jeweiligen Ich-Stärke des Menschen – oder anders gesagt von seinem Selbstwertgefühl – ab.
8 Vgl. Verena Kast, *Die Dynamik der Symbole,* S. 20.

9 Diese Wirkung lässt sich mit dem kinesiologischen Muskeltest nachweisen. Vgl. John Diamond, *Der Körper lügt nicht*, S. 136 ff., sowie Matthias Lesch/Gabriele Förder, *Kinesiologie*, S. 38 ff. Der kinesiologische Muskeltest – zum Beispiel am Deltamuskel des Oberarms – ist ein körpereigenes Feedbacksystem. Er nutzt die Tatsache, dass auf den Körper einwirkende, psychisch schwächende Stressoren eine Energieblockade und dadurch eine Muskelschwäche hervorrufen.

10 Aus Carl Gustav Jung, *Erinnerungen, Gedanken, Träume*, S. 240

Feng Shui – auf den Punkt gebracht

1 Vgl. Laurens van der Post, *C. G. Jung, der Mensch und seine Geschichte*, S. 275 f.

2 Ebd. Die zitierte Äußerung von C.G. Jung bezieht sich auf das chinesische Weisheitsbuch Yijing (I Ging), kann aber ebenso auch auf Feng Shui übertragen werden.

3 Dazu zählen unter anderem die Traditionelle Chinesische Medizin mit ihren Wissensbereichen Akupunktur und Akupressur, Kräuterheilkunde, Ernährung und Bewegungsübungen, aber auch „Kampf"-Sportarten (die eigentlich Konzentrations- und Zentrierungsübungen sind) sowie philosophische und religiöse Lehren.

4 In der Literatur werden ungeachtet der eher mythologisch zu betrachtenden Gestalt des Fu Xi feste Lebensdaten angegeben. Zum Beispiel nennt Fiedeler 2852 bis 2737 v. Chr. (vgl. Frank Fiedeler, *Yijing*, S. 16).

5 Psalm 127,2

6 Auch in der Architektur haben sich die Ausdrücke „Sick Building Syndrome" (SBS) oder „Building Related Illness" (BRI) für unspezifische und nicht organisch bedingte Krankheitssymptome eingebürgert, die typischerweise dann verschwinden, wenn die erkrankte Person ihren Wohn- oder Arbeitsort wechselt.

7 „Der Energiefluss folgt der Aufmerksamkeit."

8 Falsch wäre aber wie in vielen anderen Fällen der Grundsatz: Viel hilft viel. Ein durchgängig strahlendes, nicht differenziertes Licht kann zwar als Qi-Anziehungspunkt angesehen werden, hat aber demgegenüber überwiegende Nachteile wie unausgewogenes Yin-Yang-Verhältnis, Wärmeentwicklung und trockene Luft, psychologische oder physische Blendung.

9 Treffenderweise schreibt Friedrich Gretz: „Die Zugänge werden mit Theken oder Ständern zugestellt, sodass es die Kunden oft schwer haben, einen Weg in den Laden zu finden. Doch Vorsicht: Große Umsätze durch Zukäufe an dieser Stelle (häufig ohne Ertrag) ersetzen nicht den normalen Verkauf." Vgl. Friedrich Gretz, *Läden richtig planen, Fehler vermeiden*, S. 237.

10 Aus „Kuschelecken für Spaßmüde", DER SPIEGEL 32/2000, S. 120, über den neuen Trend zu After-Work-Clubs und Lounges mit Stil und ruhiger Atmosphäre.

11 Allerdings sind entsprechende Berechnungen bedeutend komplizierter, als hier dargelegt werden kann. Dabei spielen auch Yin und Yang sowie die chinesischen Tierkreiszeichen mit ihren eigenen Elementen eine entscheidende Rolle.

12 Diese Zusammenhänge können hier nur angedeutet werden. In der Praxis ist es eine komplizierte Herausforderung, die einzelnen Ebenen der Elementezuordnungen ihrer jeweiligen Bedeutung nach so miteinander zu verbinden, dass größtmögliche Harmonie entsteht, und dabei gleichzeitig die quantifizierbaren Vorgaben zur Betriebsführung zu berücksichtigen. Der Erfolg der dafür notwendigen profes-

sionellen Feng-Shui-Beratung hängt vor allem von der Erfahrung, Sachkenntnis und Vertrautheit des Beraters mit den vor Ort geltenden Bestimmungen, der Unternehmenskultur und den Anforderungen des Einzelhandels ab.

13 Für die Übertragung des Bagua auf einen Raum gibt es im Feng Shui zwei unterschiedliche Systeme. Im ersten befindet sich der unterste Bereich der *strategischen Planung* immer in der Mitte derjenigen Gebäude- oder Raumseite, auf der der Eingang liegt, auch dann, wenn sich der Eingang rechts oder links auf dieser Seite befindet. Das zweite System ordnet den Bereich *strategische Planung* grundsätzlich immer dem Sektor des Gebäudes zu, der im Norden liegt. Hierauf beziehen sich die Himmelsrichtungen auf dem Achteck in der Mitte. In der Grafik auf S. 43 wird zur Erläuterung des Bagua das erste System verwendet. In der Praxis setzen wir erfolgreich eine weiterführende Kombination aus beiden Anschauungen ein.

14 Wie beide Seiten – regelmäßige Grundrissform gegenüber quantifizierbaren Vorteilen – gewichtet werden, kann nur am konkreten Beispiel beurteilt werden.

15 Der Begriff der morphischen Felder wurde von dem englischen Biochemiker Dr. Rupert Sheldrake eingeführt. Seine aufgrund ihres Widerspruchs zum mechanistischen Weltbild rege diskutierten Aussagen behandeln unter anderem die Speicherung von Erfahrungen in Informationsfeldern. Beispielsweise sind in dem Kraftfeld um einen bestimmten Ort oder Gegenstand Informationen über alle Ereignisse gespeichert, die bis zum heutigen Tag damit zu tun hatten. Jeder Mensch tritt durch *morphische Resonanz* in der Regel unbewusst mit diesem Feld in Verbindung.

Der erste Eindruck

1 Zu moderner Kunst vgl. auch Margrit Lipczinsky und Helmut Boerner: *Büro, Mensch und Feng Shui*, S. 69 und 86.

Die Kundenbegrüßung

1 Vgl. Friedrich Gretz, Läden planen, S. 81. Und Wilhelm Kreft schreibt: „Erfolgreiche Unternehmen können gar nicht eng sein." *Ladenplanung*, S. 493.

2 Vgl. Friedrich Gretz, a. a. O., S. 237.

3 Vgl. Paco Underhill, *Warum kaufen wir?*, S. 48.

4 Vgl. Paco Underhill, ebd. und Wilhelm Kreft, a. a. O. (Anmerkung 1).

Die Kundenführung

1 Wilhelm Kreft, *Ladenplanung*, S. 406.

2 Dieses Problem wird sehr gut von Paco Underhill beschrieben (*Warum kaufen wir?*, S. 134 ff.).

3 In der deutschen, nicht aber in der amerikanischen Ausgabe von *Warum kaufen wir?* ist der Hinweis auf den in Saarbrücken konstruierten „Alterssimulator" enthalten, einen High-Tech-Anzug, mit dem jüngere Menschen ansatzweise etwa so wie ältere Menschen wahrnehmen und sich bewegen können.

4 Vgl. *stores & shops* 4/2000, S. 7.

5 Vgl. Christian Mikunda, *Der verbotene Ort*, S. 210.

Waren präsentieren und verkaufen

1 Heute zeigt es sich, dass im E-Commerce erst noch erkundet werden muss, wie dieses elementare Bedürfnis jedes Menschen sozusagen virtuell befriedigt werden kann.
2 Vgl. Paco Underhill, *Warum kaufen wir?*, S. 17. Der amerikanische Ausdruck butt-brush-effect lautet dort Anrempeleffekt.
3 Bezogen auf die gesamte Entwicklungsgeschichte des Menschen ist die Zeit, in der realistische Puppen hergestellt werden konnten, verschwindend gering.
4 Auch Apotheken werden sich in nicht allzu langer Zeit darum bemühen müssen, für Browser (das heißt stöbernde Käufer) attraktiv zu werden. Das Gleiche gilt für Banken, Sparkassen und Postfilialen – Dienstleistungsverkaufsräume mit meist wenig aufbauender Servicequalität und erheblichem Verbesserungsbedarf.
5 Lina Maria Bauer, Szenerien, S. 14.
6 Interessante Tipps für die „Verpackung" der Ware in Schaufenstern lassen sich auch dem Buch „Der verbotene Ort" von Christian Mikunda entnehmen.

Besondere Herausforderungen

1 Einige Feng-Shui-Schulen empfehlen, Pfeiler zu verspiegeln, um sie auf diese Weise „virtuell aufzulösen".

Servicequalität und letzter Eindruck

1 Minoru Tominaga, *Die kundenfeindliche Gesellschaft*, S. 73.
2 Ebd., S. 49.
3 Vgl. Paco Underhill, *Warum kaufen wir?*, S. 179.
4 Ebd., S. 199.
5 Weitere Anregungen zur Unterhaltung (z. B. zur Inszenierung kleiner Erlebnisse) geben B. Joseph Pine und James H. Gilmore in *Erlebniskauf*.
6 Vgl. Anm. 3, Abschnitt Einleitung, S. 166.
7 Vgl. Paco Underhill, *Warum kaufen wir?*, S. 202.
8 Zitat aus einem Gespräch der Autoren mit Paco Underhill.
9 Vgl. Wilhelm Kreft, *Ladenplanung*, S. 532.
10 Dieser Ausdruck wurde von den Servicedramaturgie-Fachleuten Brigitta Lorenzoni und Wolfgang Bernhard, CommEnt Consulting Group Wien, geprägt.

Bibliografie

Ladenplanung

Bauer, Lina Maria: *Szenerien. Handbuch zur Warenpräsentation auf der Bühne des Schaufensters.* Frankfurt am Main 1997

Gretz, Friedrich: *Läden richtig planen, Fehler vermeiden.* Stuttgart 2000

Kreft, Wilhelm: *Ladenplanung.* Leinfelden-Echterdingen 1993 (2. Aufl.: Herbst 2001)

Lipczinsky, Margrit / Boerner, Helmut: *Feng Shui: Positive Botschaften für die Raumnutzung.* In: Wilhelm Kreft, *Ladenplanung.* 2. Aufl., Leinfelden-Echterdingen 2001

Mikunda, Christian: *Der verbotene Ort.* 2. Aufl., Düsseldorf 1997

Pine, B. Joseph / Gilmore, James H.: *Erlebniskauf.* München 2000

Woodger, Clive: *Erfolgreiches Handels-Design.* Frankfurt am Main 1999

Tiefenpsychologie

Clarke, J. J.: *Jung on the East.* London 1995

Ellenberger, Henry: *Die Entdeckung des Unbewußten.* Bern 1973

Jung, Carl Gustav: *Zur Psychologie westlicher und östlicher Religion.* Band II der Gesammelten Werke (GW), Düsseldorf 1995

– *Die Archetypen und das kollektive Unbewusste.* Band IX der Gesammelten Werke (GW), Düsseldorf 1995

Kast, Verena: *Die Dynamik der Symbole.* 4. Aufl., Düsseldorf 1994

Samuels, Andrew / Shorter, Bani / Plaut, Fred: *Wörterbuch Jungscher Psychologie.* München 1989

Stein, Murray: *C. G. Jungs Landkarte der Seele.* Eine Einführung. Düsseldorf 2000

Wegener-Stratmann, Martina: *C. G. Jung und die östliche Weisheit.* Olten 1990

van der Post, Laurens: *C. G. Jung, der Mensch und seine Geschichte.* Zürich 2000

Feng Shui

Lazenby, Gina: *Inneneinrichtung nach Feng Shui.* München 1998

Lim Jes T. Y.: *Feng Shui für Büro und Business.* München 2000

Lip, Evelyn: *Business Feng Shui.* Union City (California) 1989

– *The Design & Feng Shui of Logos, Trademarks & Signboards.* Singapore 1995

Lipczinsky, Margrit / Boerner, Helmut: *Büro, Mensch und Feng Shui.* München 2000

Lo, Raymond: *Feng Shui & Destiny for Managers.* 4. Aufl., Singapore 1997

Sator, Günther: *Feng Shui – Die verborgene Kraft des Arbeitsplatzes.* 2. Aufl., Wien 1998

Too, Lillian: *Feng Shui.* 11. Aufl., Kuala Lumpur (Malaysia) 1996

– *Applied Feng Shui.* 7. Aufl., Kuala Lumpur (Malaysia) 1996

– *Das große Buch des Feng Shui.* München 1997

– *Die Grundlagen des Feng Shui.* München 1998

Verwandte Themen

Buzan, Tony: *Speed reading.* Landsberg am Lech 1997

Diamond, John: *Der Körper lügt nicht.* 11. Aufl., Freiburg 1994

Fiedeler, Frank: Yijing. *Das Buch der Wandlungen.* München 1996

Heller, Eva: *Wie Farben wirken.* Reinbek 1999

Häusel, Hans-Georg: *Think limbic.* Planegg 2000

Lesch, Matthias / Förder, Gabriele: *Kinesiologie.* München 1994

Packard, Vance: *Die geheimen Verführer.* Düsseldorf 1971

Sheldrake, Rupert: *Das Gedächtnis der Natur.* Bern 1991

Underhill, Paco: *Why we buy. The science of shopping.* New York 1999. Deutsch: *Warum kaufen wir? Die Psychologie des Konsums.* München 2000

Williams, Tom: *Chinese Medicine.* Shaftesbury 1995. Deutsch: *Was das Qi zum Fliessen bringt.* Braunschweig 1996

Glossar

Acht Lebenssituationen (Auch als Bagua bezeichnet) Altes chinesisches, analoges Zuordnungssystem, das acht archetypische Lebensthemen des Menschen auf acht Bereiche eines Raumes bezieht.

Archetyp Strukturgebende Inhalte des Kollektiven Unbewussten. Angeborene Urerfahrungen, die zum menschlichen Leben schlechthin gehören und allen Menschen zu eigen sind.

Bagua (wörtlich Achteck) s. Acht Lebenssituationen

Browser Der stöbernde oder suchende Kunde ohne spezifischen Kaufwunsch.

Brückenelement Das bei einem ⟶ Elementekonflikt eingesetzte Element, das mit den beiden Konfliktelementen in Harmonie steht und daher die zwischen beiden bestehende Spannung neutralisieren kann.

Chinesische Naturphilosophie Die im chinesischen Altertum ausgebildete Lehre von Wesen, Formen, Erscheinungen und Kräften der Natur. Entsprechend dem ganzheitlich ausgerichteten chinesischen Denken erfaßte die Naturphilosophie sowohl die Naturwissenschaft als auch die Metaphysik der Natur, das heißt die jenseits des sinnhaften Erfahrungsbereiches liegenden Erscheinungen.

EAS-System Elektronische Artikelsicherung durch Etikettierung der Ware und ein Signal gebende Durchgangsantennen am Ladenausgang.

Element siehe Fünf Elemente

Elementekonflikt Zusammentreffen zweier Elemente mit kontrastierender Schwingungsstruktur, das zur Entstehung eines Spannungsfeldes führt. Großflächige Elementen-Konflikte ziehen entsprechend ungünstige Auswirkungen auf Körper und Psyche nach sich.

Energetische Sperre Elektromagnetisches Kraftfeld, das ein Entweichen der Vitalenergie Qi aus Räumen verhindert (zum Beispiel durch eine weichblättrige Pflanze vor einem Fenster).

Erdung Verbindung des elektromagnetischen Feldes des Menschen mit demjenigen der Erde. Die Erdung unterstützt die Stabilität von Körper und Psyche. Sie wird durch anhaltende schnelle Fortbewegung (wie beim Fahren oder Fliegen) oder durch den Aufenthalt über Lufträumen in Gebäuden oder auf Brücken vermindert.

Erlebnisbühne Integration mehrerer Warenbilder in einen Gesamtzusammenhang, die Aufmerksamkeit auf sich zieht und sowohl Orientierungspunkt („landmark") als auch anregendes Hauptelement der Warenpräsentation ist. Die raumpsychologische Wirkung wird verstärkt, wenn die Erlebnisbühne Naturelemente enthält.

Etappe Die nicht zur Verkaufsfläche gehörenden Nebenräume in einem Laden.

Feld Die Gesamtheit aller mit gleichartigen Energien oder sinnzusammenhängenden Informationen verknüpfter Punkte in einem beliebigen Raum.

Feng Shui In China entwickelte naturwissenschaftliche und philosophische Lehre von Einfluß, Nutzung und Ausgleich räumlicher und astrologisch-zeitlicher Gegebenheiten, Energien und ⟶ Felder im Leben des Menschen.

Feng Shui-Maß Positive oder negative Wertung eines Längenmaßes auf der Grundlage von Proportionen, die als natürlich oder „heil" angesehen werden, mit davon ausgehender, entsprechend günstiger oder ungünstiger subliminaler Wirkung auf den Menschen.

Fünf Elemente (oder „Fünf Wandlungszustände") Qualitativ geprägte Grundschwingungsstrukturen. Die Fünf Elemente ermöglichen eine Zuordnung alles Existierenden in ein umfassendes System von Regelkreisen in der Natur und werden als zweite Grundlage (neben dem ⟶ Yin-Yang-System) für die ständige dynamische Wandlung des Natur angesehen.

Giveaway Kostenlos angebotene kleine Geschenke oder auch Serviceleistungen, die Werbe- und Sympathieträger für das Unternehmen sind.

Gondeln Bewegliche Innenraummöbel zur Warenaufnahme und -präsentation. Die Schmalseiten werden als Gondelköpfe bezeichnet.

Harmoniezyklus (Nahrungszyklus) Abfolge der Fünf Elemente, deren Schwingungsstrukturen miteinander kompatibel sind und zur Entstehung eines stärkenden Harmoniefeldes führen.

Inszenierung Grundkonzept der Ladeneinrichtung aus der Sicht der Bühnengestaltung, um in einem Verkaufsraum Orientierung zu schaffen, Akzente zu setzen und sowohl Ware als auch bestimmte Verkaufsbereiche hervorzuheben.

Kollektives Unbewusstes Der Bereich der menschlichen Psyche, in dem menschentypische und insofern unpersönliche Erfahrungen aus der gesamten Entwicklungsgeschichte sowie biologische Steuermechanismen bewahrt werden.

Komplex Autonome Einheit innerhalb der Psyche mit Erinnerungsbildern und Phantasien von hoher emotionaler Intensität, die um einen damit im Sinnzusammenhang stehenden archetypischen Kern gruppiert sind.

Konfliktzyklus (Zerstörungszyklus) Abfolge der →Fünf Elemente, deren Schwingungsstrukturen miteinander unverträglich sind und zur Entstehung eines schwächenden Spannungsfeldes führen.

Konkav Nach innen gewölbt.

Konvex Nach außen gewölbt.

Loop Haupt-Kundenleitweg durch den Verkaufsraum vom Eingang bis zum Ausgang.

Luftschleieranlagen Klimatisierungsanlage in der Eingangszone größerer Verkaufsräume.

Persönliches Unbewusstes Der Bereich der menschlichen Psyche, in dem die während des Lebens gewonnenen und dann verdrängten oder vergessenen psychischen Inhalte (wie Erinnerungen, Gefühle und Erfahrungen) bewahrt werden.

Po-Streif-Effekt Das Gefühl des Unbehagens und Ärgers eines Kunden, der von hinten aufgrund ungünstig tiefer Positionierung der Ware und enger Verkaufsachsen von anderen Käufern berührt wird, kann Anlass zum Kaufabbruch sein.

Qi (tschi, chinesisch „Stoff") Fundamentale Gestaltungskraft in der belebten und unbelebten Natur. Als Lebens- und Vitalenergie Grundlage des Funktionierens lebender Systeme, als Impulsgeber gleichzeitig Wirkkraft hinter den Ereignisketten.

Qi-Auffrischung Intensivierung des Qi-Stromes, beispielsweise durch Pflanzen, frische Blumen oder sprudelndes Wasser, oder durch symbolisch mit dem Leben verknüpfte Gegenstände, wie Lichtquellen, sich bewegende Objekte, lebhafte Farbakzente.

Qi-Pfeile An Ecken, Kanten und Spitzen von Möbeln und anderen räumlichen Strukturen sowie auf längeren geraden Verkaufsachsen und anderen Wegen auftretende Qi-Formationen, die aufgrund ihrer Intensität störend wirken.

Qi-Stagnation Abnahme von Bewegung und Intensität des Qi-Flusses in dunklen oder ungenügend durchlüfteten Orten, mit entsprechend nachteiliger Wirkung auf Vitalität und Dynamik aller Lebensprozesse.

Qi-Insel Inszenierte, größere Qi-Auffrischung mit Pflanzen sowie eventuell Wasser und Sitzgelegenheiten, die einen auf geraden Achsen entstehenden Qi-Pfeil unterbricht, zum Verweilen einlädt und die Umgebung vitalisiert.

Rückendeckung Schützende Struktur hinter der Arbeitsposition bzw. einem Laden, die eine anhaltende unbewusste Anspannung durch das von hinten bedrohte Sicherheitsempfinden des Menschen verhindert.

Servicequalität Nicht anhand einer Skala quantifizierbare Werterfahrung einer Dienstleistung, die von Sachkompetenz, Umsicht, Bezogenheit und Menschenfreundlichkeit des Dienstleisters geprägt wird. Generell nach dem Warenpreis das zweitwichtigste Kriterium in bezug auf Kundenbindung und Neukunden.

Setzstufe Die geschlossene vertikale Rückwand hinter einer Treppenstufe.

Stresstoleranz Auf der Qi-Intensität und psychischen Stärke beruhende Fähigkeit, mit Stressfaktoren fertig zu werden, ohne dass der Abzug der hierfür aufgewendeten Energie zu spürbarem Nachlassen der körperlichen und geistigen Leistungsfähigkeit führt.

Tagesbewusstsein Der Bereich der Psyche, der die in einem gegebenen Moment wahrgenommenen, bewusst abrufbaren und auf das Ich bezogenen psychischen Inhalte bewahrt.

Tiefenpsychologie Von Sigmund Freud geprägter Begriff für die psychologische Wissenschaft, die sich mit den Inhalten und Phänomenen des Unbewussten oder Unterbewusstsein befasst.

Tote Bereiche Raumbereiche mit ungenügendem oder stagnierendem Qi-Strom, in denen Vitalität und Atmosphäre fehlen.

Verkaufsachsen Kundenwege zwischen den einzelnen Einrichtungskomponenten der Verkaufsfläche.

Vertikales Denken Das Verknüpfen von Erscheinungen und Ereignissen, die zwar nicht der gleichen Sachebene angehören, aber entweder zur gleichen Zeit auftreten oder einen inhaltlichen Sinnzusammenhang haben. Das vertikale Denken führt zur Bildung von Analogieketten, die der ganzheitlichen Wirklichkeitsbetrachtung zugrundeliegen.

Yin und Yang Die in der frühesten chinesischen Naturphilosophie entstandene Lehre der komplementären, sich nicht ausschließenden beiden Wirkkräfte in der Natur. Yin ist das passive, empfangene, ruhende, dunkle Prinzip, Yang das aktive, gebende, handelnde, helle Prinzip. Charakteristisch für die Yin-Yang-Lehre ist der in jedem Pol vorhandene Keim des Gegenpols.

Yin-Yang-Ausgleich Der Einsatz eines Yin-Akzentes in einer übermäßig yang-betonten Umgebung, und umgekehrt, um eine durch diese Betonung hervorgerufene unnatürliche und entsprechend angespannte Atmosphäre zu entschärfen.

Register

Fett hervorgehobene Seitenzahlen verweisen auf Definitionen und Erläuterungen, kursive Zahlen stehen für Begriffe in Bildunterschriften.

Ablagefläche   68, 96, 130, *147*
Acht Lebenssituationen, Bagua   32, 42, **43**, 45
Anprobekabine (Umkleidekabine)   40, 74, 75, 117, 118, 130, 131, 134, 154
Archetyp, archetypisch   19, **20**, 21, 24, 25, 42, 94
Atmosphäre   11–14, 32, 41, 48, 78, 81, *89*, 93, 118, 122, 123, 130, 134, 138, 139, 152
Aufzug   78, 80, 81
Ausgang   135, 138
Außenangebot, -dekoration, -gestaltung   55, 64, 150
Außenauftritt, -eindruck, -faktoren   52, 58, *106*
Bagua siehe Acht Lebenssituationen
Begleitperson   *35*, 130, 131, 154
Beleuchtung, -skörper   58, 59, 60, *72*, *75*, 80, 81, 83, 86, 90, 104, 110, 118, 120, 131, 139
Bewusstsein siehe Tagesbewusstsein
Bewusstseinsleistung   22, 23, 69, 18, 19, 22, 66
Blendung   69, 107, 118
Blumen   25, *26*, 34, 37, 58, 104, 112, *114*, 130, *136*, 137, 144, 153
Boden (Parkett-, Holzfußboden)   74, 130
Boden, -gestaltung, -markierung, -strukturen   *9*, 60, 66, 68, 69, 79, 90, *92*, 135, 153
Botschaft (an das Unbewusste)   19, 22, 23, **24**, 38, 46, 47, 50, 53, 59, 60, *67*, 80, 84, 94, 107, 131, *138*
Branche   55, 107, *112*
Brückenelement   **39**, 40-42, 55, *62*, 93, 110, 126, 144
Brunnen   58, *112*, *144*, *146*, 150
Chinesische Naturphilosophie, -Schrift, -Sprache, -Denken   28, 32, 43
Decke, Deckengestaltung   75, 90, 121, 122, 150, 154
Dekoration, -sobjekt   22, 23, 40, 45, 69, 81, 90, 102, *106*, 120, *133*, *138*, 146, 153
Dekorationsfigur   25, 35, 98, 99, *100*, 104, *106*, *114*, *116*, 150, 154, 155
Duft (olfaktorischer Reiz), -produkt   117, 118
Durchsichtfenster   104, *106*, 120
EAS-System   68
Eingang, -sbereich, -sbetonung, -sgestaltung   34, 36, 41, 47, 50, 52, 53, 58, 60, *62*-69, 84, 90, 121, 136, 138, 150
Einkaufspassage (-zentrum)   83, 84, *128*
Elementekonflikt, Konflikt   39, *56*, 93–95, 108, 136, 144, 150

Empfangszone   66, 68, 69
Erlebnisbühne   36, 83, 98, 108, 112, 150
Event, -marketing   9, 33, 42, 106
Fahrtreppe (Rolltreppe)   33, 78, 80, 121
Farbakzente, -differenzierung, -gestaltung, -kombination, -wechsel   74, 82, 83, 127, 147, 154
Fassade, -ngestaltung, -nstruktur   *52*, 55, *56*, 58, *62*, 144
Feld (Bedeutungs-, Informations-)   26, 34, 35, 38, 46, 53, 55, 135, 136, 138
Feng Shui   12, 13, **26–31**, 38-40, 42, 45, 46, 60, 68
Feng-Shui-Maße   32, 46, 64, 146
Feng-Shui-Profil   **42**, **126**
Fenster   34, 127
Fünf Elemente   30, 32, **38**, 39, 40, 46, 55, *62*, 82, 90, *92*, 93, 102, 110, 123, 126, 144, 146
Geschäftszeichen (Logo, Namenszeichen)   53, *58*, 59, 130
Giveaway   **127**
Glas, -flächen, -tür, -wand   65, 78, 107, 121, 123
Grundriss, Laden-   32, 42, 43, 45, 120, 121
Harmonie, -feld   39, 47, 56, 95, 102, *109*, 126
Hintergrundmusik   117, 139
Hinweisschild   40, 82, 135, 81
Info-Stand, -terminal   84, 150

Jahreszeiten, -merkmale   104, 116
Kante   36, 68, 83, *89*, 90, *100*, 102, 121, 123, 137, 146
Kante (Pfeiler-, Wand-)   69, 121, 126, 136, 146
Kasse (Kassenbereich, -zone)   35, 36, 40, 41, 42, 45, 90, 118, 120, 121, 126, 135, 136, 137, 152, 155
Kaufabschluss, -entscheidung, -erlebnis, -lust, -vorgang   11, 12, 18, 21, 22, 23, 74, 81, 88, 110, 131, 135, 152
Kaufverhalten, -wunsch   10, 17, 18, 21, 23, 25, 70, 83, 135
Kinderecke   131, *133*, 146
Komplex   19–21, 25
Konflikt, -feld   21, 38, 39, 41, 47, 55, *56*, *62*, 82, 94, 102, 126
Konkav, konvex   94, 96
Kundenerwartungen   13, 22, 23, 86, 140
Kundenleitweg, -strom,   70, *72*, *100*, 84, 136
Kundentoilette   36, 134
Kundentreue   6, 135
Kunst, Kunstwerk   24, 53, 102
Ladendiebstahl, -risiko   33, 130
Ladeneingang, -stür   35, 36, 64, 66, 68, 78, 84
Ladengestaltung, -einrichtung, Shop-Design   6, 8–10, 13, 18, 21, 24, 28, 30, 32, 36–38, 43, 46, 47, 83, 93, 98, 118, 124

Anhang

Letzter Eindruck 46, 48, 135, 138, 139, 152
Leuchtdichte, -stärke 36, 118, 120
Licht, -gestaltung, -effekt, -strahl 35, 36, 81, *86*, 104, *106*, 112, *116*, 118, 120, 121, *133*, 144
Lichtband, -decke, -leiste, -schiene *72, 77, 79*, 120, 122
Lüftung 127, 130
Materialien, Materialwechsel *76, 77*, 110, 123
Merchandising 8, 41, 47
Mitarbeiter 13, 33, 42, 74, 83, 124
Morphische Felder s. Feld
Nachbarhaus 55, *56*
Namens-, Logoschild 55
Nebenräume 34
Ordnung 127
Organismus (Gebäude, Laden) *52*, 78, 122
Orientierung 82, 83
Paravent 78, 94, 120
Parkgarage, Tiefgarage 135, *138*, 139
Personaltoilette, Personal-WC 36, 126
Perspektive 47, 138
Pfeiler 62, 67, 121, 150
Preis-Leistungs-Verhältnis 17, 38, 86
Profilierung 6, 9, 11, 14, 124
Psyche 12, 14, 15, 17, 18, 20, 22, 25, 28, 30, 74
Psychische Energie 18, 20, 22, 23, 55, 74, *78*, 82, 117, 126, 137
Qi, Qi-Energie, Vitalenergie, 17, 26, 31, **32**, 33–36, 38, 41, 43, 47, 50, 55, 58, 60, 64, *65*, 70, 72, 74–79, *81–84, 86, 89*, 107, *110*, 112, *114*, 116–118, 120–123, 127, *133*, 136, 137, 144, *146, 148, 150*, 152–154
Qi-Blockade (energetische Sperre) 35, 36, 64, 66, 68, 123
Qi-Insel, -Lenkung 35, 72, 74, 84, 112, 114
Qi-Kontamination, -Leckagen 35, 36, 64
Qi-Pfeil (angreifender Pfeil) 36, 64, 66, *67*, 68, 72, 74, 77, 78, 81, 83, 90, 94, 98, 121, *122*, 136, *148*
Raucherbereich 127
Raumpsychologie, raumpsychologisch 12, 13, 14, 70, 82, 88, 98, 110, 123, 126, 131, 137, 139, 140, 142, 144, 150, 153
Regal, Regalboden 68, 89, 90, 123, *132*, 147
Rücken, Rückenschutz, Backing 22, 47, *132, 136*, 137
Ruhebereich, -zone 35, 84, 112, 127, *128*, 131
Sauberlauf 66, 69
Säule, -nverkleidung 37, 39, *62*, 75, 98, 121
Schaufenster, -dekoration, -gestaltung 35, *58*, 59, 102, 104, 107, 108
Senioren 6, 8, *78*, 83, 131
Service-Qualität 6, 38, 86, 96, 124, 127, 134
Sicherheit, -sbedürfnis, -sempfinden 19, 23, 23, 47, 53, *72*, 80, 104, 123, 144

Sitzgelegenheit, -platz 22, 127, 130, 131, *132*, 134
Sozialraum 45, 126, 127
Spiegel 36, 45, 64, *65*, 75, 81, **121**, 130, *150*
Spontankauf, Impulskauf 12, 50, 55, 108
Spots, Deckenspots 81, 118, 120, 121, *131*
Standortwahl 45, 46, 58
Stress, -faktor, -toleranz 12, 32, 32, 33, 39, 41, 48, 77, 117
Subliminal 22, 24, 69, 75, 78, *80*, 90, *103*, 122
Symbol, Symbolik 24, 25, *26*, 35, 47, 82, *86*, 104, *110*
Tagesbewusstsein 6, 12, 17, 22, 23, 24, *102*
Theke, Verkaufstresen 64, 94, *146, 147*, 152
Tiefenpsychologie 12, 13, 15, 19, 47, 86
Tote Bereiche 93, **110**, *114*, *116*, 130
Treppe 78, *79*, 121
Umgebung (des Ladens) 38, 53, 54, 58, 135
Unbewusstes, unbewusst 15, 17, 18–20, 22, 23–25, 30, 38, 46, 50, 53, 55, *67*, 69, 82, 83, 99, *100*, 103, 135, 137
Verkaufsachse 35, 36, *72*, 74, 75, 77, 88, 90, 120
Verkaufspersonal, Verkäufer 11, 34, 53, 69, 94, 96, 98, 118, 121, 122, 124, 126, *127*, 130, 137, 140
Verkaufsstand, -tisch 84, 94, 144
Verkehrsweg 102, 121

Wand, -struktur, Seiten-, Rückwand 90, 102, 103, *116*, 120, 121, 130
Ware 8–10, 17, 20, 22, 24, 50, *58*–60, 69, 81, 86, 88, 90, *92*–94, 98–100, 107–109, 114, 118, 120, 131, 150, 154, 155
Warenbild 36, 47, 76, 77, 82, 83, *86*, 88, 98, *100*, 102, 102, 107, 112, 116, *117*, 121
Warenständer, -präsentertisch, -träger 36, 40, 46, 64, *65*, 66, *72*, 74-77, *89*, 90, 120, *121*, 135, 153, 155
Wartebereich, -zone, -zeit 40, 45, 81, 118, *131*, 135, 150, 152
Wasser, -spiel, -säule 34, 36, *50*, 104, *109*, 112, *114*, 127, 137, 153, 155
Wegeführung (dynamisch, frei, geschwungen, vertikal, zentrisch) 70, 74, 77, 78, *81*
Yin und Yang 30, 32, 37, 40, 47, 62, 64, 83, 98, 104, *106*, 123, *152*
-Ausgleich, -Betonung, -Dominanz, -Elemente, -Übergewicht, -Zahl 37, 38, 47, 64, 104, *106*, 123
Yin-Akzent, -Faktor *62*, 83, 98, 104, *152*
Zahlen (gerade, ungerade) *63*
Zeit, Zeitempfinden, Aufenthaltszeit 12, 29, 42, 131, 135
Zentrum (des Gebäudes) 78

Bildnachweis

Verlag und Autoren danken den folgenden Personen und Unternehmen für die Erlaubnis, die nachfolgenden Fotografien in diesem Buch veröffentlichen zu dürfen. Die unten angegebenen Ziffern beziehen sich jeweils auf die Seitenzahl.

CORBIS IMAGES   58 (Foto Hubert Stadler)
Deutsche Grundbesitz Management GmbH, Frankfurt
    54 unten
Deutscher Fachverlag, Frankfurt   56, 63 (Foto: Thomas Fedra),
    80 oben/unten
Uwe J. Fehrmann, Hamburg   45 (Foto), 134 (Trompe-l'œil-
    Malerei – Foto Steffen Reichel)
Hansa Kontor, Köln   13, 136
Ullrich Häusler, Konstanz   7, 23, 25 rechts, 32, 33, 59 rechts,
    61, 64, 88, 102, 106 oben, 107 rechts, 109 oben links/rechts,
    125, 127, 129, 135, 138 oben/unten
Felicitas Hübner Verlag, Waldeck   31
Gunther Lambert GmbH, Mönchengladbach   87, 108,
    109 links unten, 112, 117 oben links/rechts
Lois Lammerhuber, A-Baden   27
Margrit Lipczinsky, Konstanz   8 links, 21, 24, 53 unten
    links/rechts, 59 links, 65–67, 79 unten, 103 unten, 114 links
    oben, 115 links oben, 135, 137 links, 148, 150, 153
Laterna Magica, München © Weidmann & Biere Publishing 16,
    25 links oben/unten, 26, 29, 34, 39
Dr. Jörg Mitterdorfer, A-Amstetten   142, 143 oben/unten,
    146 unten
Margret Paal, München   2, 137 rechts, 141, 151, 152, 154, 155
Hans-Georg Schaible, Nagold   149 oben/unten
Georg Wagner, A-Amstetten   144/145, 146 oben, 147

Verlag und Autoren danken besonders der Firma Umdasch Shop-Concept GmbH, A-Amstetten, für die Erlaubnis zur Verwendung des folgenden Bildmaterials.

Titelfoto, 8 rechts, 9, 11, 15, 18, 35, 49, 50/51, 52 rechts/links, 53 rechts oben, 54 oben, 55, 57, 62 (alle), 63 unten, 68, 69, 71–78, 79 oben, 81–85, 89–101, 103 oben, 104, 105, 106 unten, 107 links, 111, 113, 114 oben rechts, unten, 115 oben rechts/unten links/rechts, 116, 117 unten, 118/119, 120–123, 126, 128, 130–133, 139

Rückfragen zu den gezeigten Objekten an:
Reinhard Peneder, Umdasch Shop-Concept GmbH,
Reichsstrasse 23, A-3300 Amstetten,
Tel. 07472/605-2415, Fax 07472/605-3722,
E-mail: Reinhard.Peneder@umdasch.com

Auch den folgenden Unternehmen gilt der Dank von Verlag und Autoren für Bildmaterial oder für die Erlaubnis zu Fotoaufnahmen.

Betty Barclay, Wessenbergstrasse 29, 78462 Konstanz,
    Tel. 07531/29429, Fax 07531/17434
Das Voglhaus, Wessenbergstrasse 8, 78462 Konstanz,
    Tel. 07531/9189520, Fax 07531/9189519,
    www.das-voglhaus.de
Fehrmann Art & Design, Remstedtstr. 28, 22143 Hamburg,
    Tel. und Fax 040/67580100, www.fehrmann-art-design.de
Itta Werkstätten für Raumgestaltung, Paradiesstrasse 13,
    78462 Konstanz, Tel. 07531/128293-0, Fax 07531/16698
Modehaus Jaqueline, Hussenstrasse 29, 78462 Konstanz,
    Tel. 07531/22990, Fax 07531/25077
Gunther Lambert GmbH, Konstantinstr. 303,
    41238 Mönchengladbach, Tel. 02166/8683-0,
    Fax 02166/859638
OBI Baumarkt, Carl-Benz-Strasse 13, 78467 Konstanz,
    Tel. 07531/998299, Fax 07531/998266
Sanitätshaus Schaible/Miederwarengeschäft Schaible,
    Turmstr. 6–8, 72202 Nagold, Tel. 07452/84510,
    Fax 07452/845199
Stadtapotheke „Zum guten Hirten", Hauptplatz 17/19,
    A-3302 Amstetten
Wohnen mit Blumen, Karen Diessler, Neugasse 18,
    78462 Konstanz, Tel./Fax 07531/24446

Die Autoren
M. Lipczinsky/H. Boerner, Zur Torkel 12, 78464 Konstanz,
Tel. 07531/6945-18/19, Fax 07531/694508,
D2: 0172/4533108, E-mail: info@lipczinsky-boerner.de,
Internet: www.lipczinsky-boerner.de